AF636677

JAPAN HOME KITCHEN

日本の家庭料理

JAPAN HOME KITCHEN

Japanisch kochen für jeden Tag mit 100 Rezepten, Techniken und Tipps für perfekte Ramen, Sushi & Co.

日本の家庭料理

家庭で出来る百の
オリジナルレシピ
とその作り方

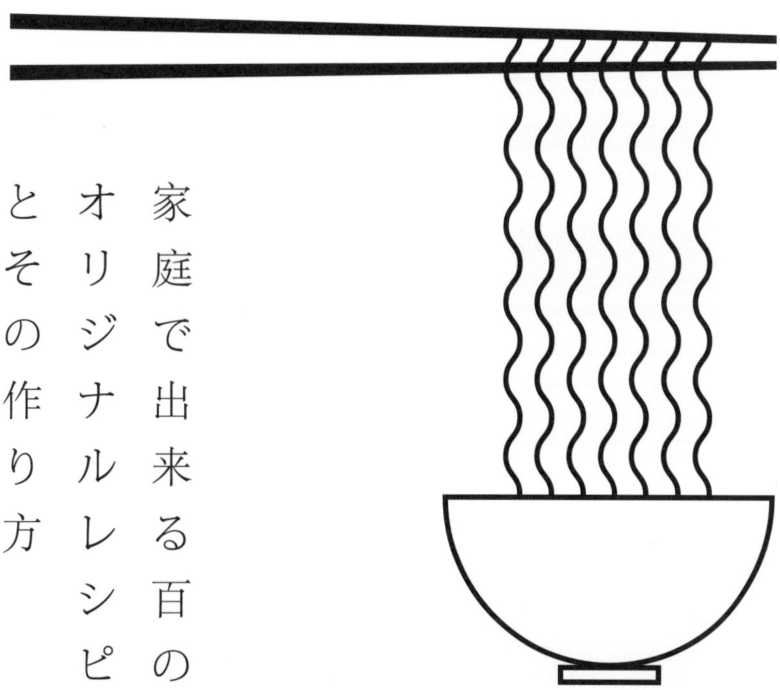

MAORI MUROTA
FOTOGRAFIE: AKIKO IDA

DK

Dies ist ein Buch über meine Alltagsküche. Viele der Rezepte habe ich kennengelernt, indem ich meiner Mutter und meiner Großmutter beim Kochen zugesehen und ihre Gerichte probiert habe, wahre Geschmacksexplosionen, die mir so viel Freude machten! Diese traditionellen Rezepte der japanischen Familienküche, mit denen ich aufgewachsen bin, stelle ich Ihnen hier vor, außerdem einige meiner eigenen Rezepte, die von ausländischen Küchen inspiriert sind. Diese Mischung aus Tradition und Fusion ist sehr repräsentativ für die moderne japanische Küche. In heutigen japanischen Küchen kann man auch Zutaten wie Olivenöl, Nuoc Mam (vietnamesische Fischsauce), Gochujang (koreanische Chilipaste) oder Käse finden. Wir sind sehr neugierig auf ausländische Gerichte und übernehmen sie gern, um Abwechslung auf den Tisch zu bringen. Gleichzeitig halten wir an alten Traditionen fest – an den Einmachgläsern und dem Nukazuke-Gemüse, das wie zur Zeit unserer Großmütter durch Milchsäuregärung haltbar gemacht wird.
Es ist durchaus möglich, die traditionelle Familienküche zu achten und dennoch offen für internationale Einflüsse zu sein. Das entspricht meinem Verständnis der modernen japanischen Küche.

In den letzten Jahren, zwischen der Geburt meiner Tochter und dem Lockdown, hat sich mein Blick auf die Ernährung stark verändert. Ich lebe in Frankreich, und ich wollte gern japanisch kochen, aber dafür möglichst wenige importierte Lebensmittel verwenden, um die Umweltbelastung durch den Transport zu vermeiden. Meine Familie und ich verbrachten den ersten Lockdown auf einer kleinen Insel. Natürlich fand ich in den Geschäften nur sehr wenige japanische Produkte und begann daher, Udon-Nudeln und Gyoza-Teig selbst zuzubereiten, Tsukemono zu fermentieren und so weiter. Ich war beeindruckt: Es schmeckte gut und war gar nicht kompliziert! Dadurch wurde mir bewusst, wie viel Spaß es macht, auf Fertigprodukte zu verzichten und alles selbst zuzubereiten, so wie es auch meine Mutter und meine Großmutter schon taten. Ich muss mir nun keine Gedanken mehr machen, wenn ich nicht in den japanischen Lebensmittelgeschäften in Paris einkaufen kann – denn ich kann alles selbst machen!
Auf der Suche nach Zutaten habe ich hier in Frankreich eine Reihe engagierter Erzeuger entdeckt, die Miso, Algen, japanisches Gemüse, Tofu und andere wichtige Zutaten herstellen. Ich dachte immer, man müsse all das aus Japan importieren, dabei gibt es vieles aus europäischer Produktion.
Ich stelle Ihnen in diesem Buch meine Lieblingsrezepte vor, die zu hundert Prozent hausgemacht sind: Sushi, Ramen, aber auch Miso, Natto, Anko und japanische Currys ohne industrielle Mehlschwitze. Selbst gekochte Gerichte sind zum einen gesünder, weil man bestimmen kann, was sie enthalten, und zum anderen schmecken sie viel besser!
Ich selbst ernähre mich nahezu vegan, aber meine Familie isst alles. Ich koche also Fleisch und Fisch für sie. In den Rezepten in diesem Buch versuche ich, viele vegane Alternativen anzubieten, denn die japanische Küche kann durchaus ohne tierische Produkte auskommen. Außerdem möchte ich, dass meine Rezepte möglichst viele Menschen erreichen, unabhängig von ihrer Ernährungsweise. Ich hoffe, dass dieses Buch Ihnen Impulse für die Alltagsküche gibt, dass Sie Freude an der Zubereitung haben. Und wer weiß: Vielleicht entdecken Sie dabei ja Ihre ganz eigene Version der japanischen Küche?

粉物

MEHL

Udon selbst machen

手打ちうどん

A

B

Für 4 Personen
Vorbereitung: 1 Std.
Ruhezeit: 1½ Std.–3½ Std.
Garzeit: 12 Min.

4 TL Salz

180 ml gefiltertes Wasser

350 g Mehl (Type 550)

50 g Maisstärke (alternativ Pfeilwurzelmehl oder Tapiokastärke)

Zum Arbeiten

Kartoffelstärke (oder Maisstärke)

Das Salz im Wasser auflösen. Mehl und Speisestärke sieben. Nach und nach das Salzwasser zugießen und mit den Fingern vermengen, bis ein krümeliger Teig entsteht **(A)**. Den Teig zu einer Kugel formen und mit den Händen gut zusammendrücken. In diesem Stadium ist er noch nicht glatt. In ein feuchtes Tuch wickeln und 15–30 Minuten bei Zimmertemperatur ruhen lassen.

Ein Brett auf den Boden legen, mit einem feuchten Tuch abdecken, den Teig darauflegen und mit einem weiteren feuchten Tuch abdecken (oder den Teig in einen ausreichend großen, stabilen Lebensmittelbeutel geben). Mit den Füßen kneten: Von der Mitte des Teigs aus winzige Schritte zu jeder Seite machen (etwa 50 Schritte). Danach den Teig zweimal doppelt falten und erneut mit den Füßen kneten. Diesen Vorgang ein drittes Mal wiederholen. Dann den Teig zu einer Kugel formen. Dazu die Teigränder zur Mitte einschlagen und die Falten mit den Fingern glätten **(B)**. Den Teig umdrehen und in ein feuchtes Geschirrtuch wickeln. Bei Zimmertemperatur ruhen lassen, und zwar 1 Stunde im Sommer, 2 Stunden im Frühling und Herbst, 3 Stunden im Winter.

Die Arbeitsfläche und den Teig großzügig mit Speisestärke bestreuen. Das Nudelholz in die Mitte der Kugel drücken (die gefaltete Seite liegt unten) und nach oben schieben, um den Teig auszurollen. Ebenso von der Mitte nach unten ausrollen.

C

D

E

Den Teig um 90 Grad drehen und den Vorgang wiederholen. Nun den Teig um das Nudelholz wickeln **(C)** und ihn mit den Händen dünner drücken, dann wieder abrollen. Diesen Vorgang wiederholen, bis ein 3 mm dickes Quadrat entsteht.

Ein Schneidebrett und die beiden Seiten des Teigs mit Speisestärke bestreuen. Den Teig dreimal falten und zu 3 mm breiten Nudeln schneiden **(D)**. Eine Nudel nach der anderen abtrennen und bei Bedarf mit etwas mehr Stärke bestreuen. Die Nudeln bündeln und auf ein zweites Brett legen **(E)**.

Kochen

Eine große Menge Wasser zum Kochen bringen. Die Nudeln etwas schütteln, um überschüssige Stärke zu entfernen, und in das Wasser geben. Mit Stäbchen umrühren, damit sie nicht aneinanderkleben. Die Hitze reduzieren und die Nudeln etwa 12 Minuten kochen. Um zu prüfen, ob die Nudeln gar sind, eine Nudel in kaltes Wasser tauchen und hineinbeißen: Die Nudel ist gar, wenn das Innere durchscheinend aussieht. Abtropfen lassen und mit kaltem Wasser abspülen, um die Stärke zu entfernen.

AUFBEWAHRUNG VON ROHEN NUDELN

3 Tage in einer luftdichten Dose im Kühlschrank und 1 Monat in einem Beutel im Gefrierschrank

Mentsuyu

(SAUCE ZU NUDELN)

めんつゆ

Ergibt 600 ml
Vorbereitung: 5 Min.
Garzeit: 5 Min.

Mentsuyu klassisch

200 ml Sojasauce

100 ml Sake

200 ml Mirin

10 g getrockneter Kombu

10 g Katsuobushi (getrockneter Thunfisch)

Alle Zutaten mit 100 ml Wasser in einen Topf geben. Zum Kochen bringen, dann die Temperatur reduzieren und alles bei schwacher Hitze 5 Minuten köcheln lassen. Anschließend abkühlen lassen. Kombu und Katsuobushi herausnehmen. Den Katsuobushi über der Sauce ausdrücken, um jeden Tropfen Saft aufzufangen.

TIPPS

Die Sauce hält sich in einem luftdichten Glas im Kühlschrank 10 Tage.

–

Werfen Sie Kombu und Katsuobushi nicht weg. Sie lassen sich zu köstlichen Reisgewürzen verarbeiten, mit denen Sie Onigiri (S. 74) zubereiten können.

Ergibt 600 ml
Vorbereitung: 5 Min.
Ruhezeit: 1 Nacht
Garzeit: 5 Min.

Mentsuyu shojin VEGAN

200 ml Sojasauce

100 ml Sake

200 ml Mirin

10 g getrockneter Kombu

10 g getrocknete Shiitake

Alle Zutaten mit 100 ml Wasser in einen luftdicht schließenden Behälter geben und über Nacht im Kühlschrank ruhen lassen, sodass sich der Geschmack von Kombu und Shiitake langsam entfalten kann.

Die Zutaten in einen Topf geben. Zum Kochen bringen, dann die Temperatur reduzieren und alles bei schwacher Hitze 5 Minuten köcheln lassen. Anschließend abkühlen lassen. Den Kombu herausnehmen.

TIPP

Die in der Sauce eingeweichten Shiitake passen gut zu den Sōmen-Nudeln (S. 34).

Diese Rezepte sind perfekt für alle, die gern Nudeln mögen. Für eine Sauce wird Mentsuyu mit wenig Wasser verrührt. Mit mehr heißem Wasser verdünnt eignen sich die Zubereitungen als Grundlage für Suppen.

Udon mit Entenbrühe

鴨南蛮つけうどん

Für 4 Personen
Vorbereitung: 10 Min.
Garzeit: 20 Min.

200 g Entenbrust (aus Freilandhaltung)

1 Lauchstange

1 TL Sonnenblumenöl

300 ml Mentsuyu (S. 14)

320–400 g getrocknete oder 1 Rezept frische Udon-Nudeln (S. 12)

Zum Garnieren

4 cm weißer Rettich (oder ½ schwarzer Rettich), geschält und geraspelt

1 Stück Ingwer (5 cm), gerieben

1 Nori-Blatt, in kleine Stücke gebrochen

1 Frühlingszwiebel, in dünne Ringe geschnitten

Die Entenbrust in 1 cm dicke Scheiben und den Lauch in 3 cm lange Stücke schneiden. Das Öl in einem Topf erhitzen. Das Entenfleisch von jeder Seite 1 Minute braten, aus dem Topf nehmen und zur Seite stellen. Im gleichen Topf den Lauch 1 Minute bei mittlerer Hitze anbraten (nicht ganz durchgaren). Mentsuyu und 500 ml Wasser zugeben und etwa 5 Minuten kochen. Kurz vor dem Servieren das Entenfleisch wieder in den Topf geben und 1 Minute durchwärmen.

In einem Topf mit reichlich Wasser die Udon-Nudeln nach Packungsangabe (getrocknete Nudeln) oder nach Rezept auf S. 13 (frische Udon) kochen. Abtropfen lassen und unter kaltem Wasser gut abspülen.

Die Udon-Nudeln auf vier Teller oder geflochtene Bambuskörbchen *(zaru)* verteilen. Die heiße Sauce in Schalen gießen und mit Rettich und Ingwer, den Nori-Stücken und der Frühlingszwiebel servieren. Die Nudeln werden in die Sauce getunkt.

TIPP

Am Ende der Mahlzeit kann man die Sauce mit kochendem Wasser verdünnen und wie eine Suppe trinken. Die Sauce schmeckt auch sehr gut zu Soba-Nudeln. In diesem Fall sollte sie mit deren Kochwasser verdünnt werden.

VEGANE VERSION

Ersetzen Sie die Ente durch 150 g grob geschnittene Pilze. Ich mag besonders gern eine Mischung aus Austernpilzen und Shiitake.

Udon mit Spinat und Minze

VEGAN

ほうれん草の幅広麺

Für 4 Personen
Vorbereitung: 45 Min.
Ruhezeit: 30 Min.–1 Std.
Garzeit: 3 Min.

125 g junger Blattspinat

350 g Mehl (Type 550)

5 EL Kartoffelstärke (oder Tapiokastärke)

2 TL Salz

Zum Würzen

1 Knoblauchzehe, gehackt

2 Prisen Rohrohrzucker

1–2 EL Chilipulver (nach Belieben)

4 EL geschmacksneutrales Pflanzenöl

4 EL Tamari (oder Sojasauce)

2 EL schwarzer chinesischer Essig

1 Handvoll Minzeblätter, grob gehackt

einige junge Grünkohlblätter (nach Belieben), in mundgerechte Stücke geschnitten

Zum Servieren

20 g Walnusskerne, grob gehackt

Den Spinat in kochendem Wasser 1 Minute blanchieren, gut abtropfen lassen und mit einem Stabmixer pürieren. Das Püree mit kaltem Wasser auf 200 ml auffüllen. Mehl, Speisestärke und Salz in einer Schüssel mischen. Nach und nach das Spinatwasser zugeben und mit den Fingern untermengen, bis ein krümeliger, streuselartiger Teig entsteht. 10 Minuten kneten, bis der Teig glatt ist. In ein feuchtes Küchentuch wickeln und 30 Minuten bis 1 Stunde bei Zimmertemperatur ruhen lassen.

Den Teig wie im Grundrezept für Udon-Nudeln (S. 12) beschrieben oder mithilfe einer Nudelmaschine ausrollen. Wenn mit der Nudelmaschine gearbeitet wird, den Teig zu einem Strang formen und in vier gleich große Stücke schneiden. Alle Seiten der Teigstücke mit Speisestärke bestreuen. Die dickste Einstellung der Nudelmaschine wählen und die Stränge nacheinander durchwalzen. Dann die Dicke des Teigs bei jedem Durchgang schrittweise verringern, bis der Teig 2–3 mm dick ist (auf meiner Maschine wähle ich die Einstellungen 0, 2, 4, 5). Anschließend die Teigplatten mit einem Messer längs in 2 cm breite Streifen schneiden.

Reichlich Wasser in einem großen Topf zum Kochen bringen. Die Nudeln hineingeben und etwa 3 Minuten kochen. Abtropfen lassen, dann in eine Schüssel oder auf einen großen Teller geben. Knoblauch, Zucker und Chili in die Mitte der Nudeln geben. Das Öl in einem kleinen Topf erhitzen, bis es raucht. Sofort vom Herd nehmen und heiß über Knoblauch, Zucker und Chili gießen. Tamari, Essig und die Hälfte von Minze und Grünkohl dazugeben. Sofort umrühren.

Die Nudeln auf Tellern anrichten. Mit den Walnüssen sowie dem Rest von Minze und Grünkohl bestreuen und sofort servieren.

Ramen selbst machen

手
打
ち
中
華
麺

A

B

Für 4 Personen
Vorbereitung: 1 Std.
Ruhezeit: 1½ Std.–3½ Std.
+ 1–2 Tage
Garzeit: 1–1½ Min.

¾ TL Salz
1 TL Natron
175 ml gefiltertes Wasser
350 g Mehl (Type 550)
50 g Maisstärke (alternativ Pfeilwurzelmehl oder Tapiokastärke)

Zum Arbeiten
Kartoffelstärke (oder Maisstärke)

Außerdem
Nudelmaschine

Salz und Natron im Wasser auflösen. Mehl und Speisestärke sieben. Nach und nach das Salzwasser zugießen und mit den Fingern vermengen, bis ein krümeliger Teig entsteht. Den Teig zu einer Kugel formen und mit den Händen gut zusammendrücken. In diesem Stadium ist er noch nicht glatt. In ein feuchtes Tuch wickeln und 15–30 Minuten bei Zimmertemperatur ruhen lassen.

Ein Brett auf den Boden legen, mit einem feuchten Tuch bedecken, den Teig darauflegen und mit einem weiteren feuchten Tuch abdecken (oder den Teig in einen großen, stabilen Lebensmittelbeutel geben). Mit den Füßen kneten: Von der Mitte des Teigs aus etwa 50 winzige Schritte zu jeder Seite machen. Danach den Teig zweimal doppelt falten und erneut mit den Füßen kneten. Diesen Vorgang ein drittes Mal wiederholen. Dann den Teig zu einer Kugel formen. Dazu die Teigränder zur Mitte einschlagen und die Falten mit den Fingern glätten. Den Teig umdrehen und in ein feuchtes Geschirrtuch wickeln. Bei Zimmertemperatur ruhen lassen, und zwar 1 Stunde im Sommer, 2 Stunden im Frühling und Herbst, 3 Stunden im Winter.

Die Arbeitsfläche und den Teig in dieser Phase nicht mit Mehl bestäuben. Den Teig in vier gleich große Stücke schneiden. Die Stücke mit einem Nudelholz 1 cm dick ausrollen **(A)**. Die Nudel-

C

D

E

maschine auf größte Dicke einstellen und jeden Strang durchlaufen lassen. Jedes Stück in der Mitte falten und erneut durch die Maschine laufen lassen **(B)**. Diesen Vorgang wiederholen, damit sich das Gluten gut entwickelt. Die Teigplatten großzügig mit Speisestärke bestreuen. Dann die Dicke bei jedem Durchgang schrittweise verringern, bis der Teig 2–3 mm dick ist (auf meiner Maschine wähle ich die Einstellungen 0, 2, 4, 5). Jedes Stück der Länge nach halbieren, sodass man acht ausgerollte Teigstreifen erhält. An der Nudelmaschine den Vorsatz für die schmalsten Nudeln anbringen und jedes Teigstück durchlaufen lassen **(C)**. Zu Päckchen formen **(D)**. Die Ramen-Nudeln sind fertig!

Um gekräuselte Ramen zu erhalten, legen Sie die Nudeln auf die Arbeitsfläche, bestäuben sie mit Speisestärke und drücken sie mit beiden Händen zusammen. Wieder auflockern und den Vorgang wiederholen **(E)**.

Die Nudeln in eine luftdichte Dose geben, mit Backpapier abdecken, den Deckel schließen und vor dem Verzehr 1–2 Tage im Kühlschrank ruhen lassen. Dadurch werden Konsistenz und Geschmack besser.

Kochen

Reichlich Wasser in einem großen Topf zum Kochen bringen. Die Nudeln darin 1–1½ Minuten kochen. Abgießen und abtropfen lassen.

Shoyu ramen

(RAMEN TOKIO-STYLE)

醤油ラーメン

Für 4 Personen
Vorbereitung: 15 Min.
Garzeit: 5 Min.

Suppe

1,6 l Fleischbrühe für Ramen (S. 24)

180 ml Cha-shū-Marinade (S. 25)

1 EL Austernsauce

2 EL Hefeflocken

Salz

280–320 g getrocknete oder frische Ramen (S. 20)

Einlage

2 Handvoll Mungobohnensprossen, 1 Minute in kochendem Wasser blanchiert, abgetropft

4 Eier (Bio) für Ajitsuke Tamago (S. 25), halbiert

8 Scheiben mariniertes Schweinefleisch Cha-shū (S. 25)

1 Frühlingszwiebel, in sehr dünne Ringe geschnitten

½ Nori-Blatt, in 4 Rechtecke geschnitten

Pfeffer

Rā-yu (S. 139) (nach Belieben)

Für die Suppe Fleischbrühe, Cha-shū-Marinade, Austernsauce und Hefeflocken in einen Topf geben. Bei mittlerer Hitze erwärmen und bei Bedarf nachsalzen.

In einem Topf mit reichlich Wasser die Nudeln nach Packungsangabe (getrocknete Nudeln) oder nach dem Rezept auf S. 21 (frische Ramen) kochen. Abtropfen lassen und auf vier große Schüsseln verteilen. Mit der heißen Suppe übergießen, die Einlage dazugeben und sofort servieren.

TIPP

Wenn Sie getrocknete Ramen in einem asiatischen Lebensmittelgeschäft kaufen, wählen Sie die dünnen, leicht gelben Nudeln. Selbst gemachte Nudeln schmecken allerdings immer besser!

Fleischbrühe

ラーメンスープ

粉物

Für 4 Personen
Vorbereitung: 30 Min.
Ruhezeit: 2 Std. oder über Nacht
Garzeit: 2½ Std.

Dashi-Konzentrat

5 g getrockneter Kombu

10 g Katsuobushi (getrockneter Thunfisch)

Brühe

2 l Wasser

4 Hähnchenflügel (Freiland)

500 g Schweineschulter, in Stücke geschnitten

½ Zwiebel, halbiert

½ Karotte, in 2 cm dicke Scheiben geschnitten

1 getrockneter Shiitake

1 Lauchstange (nur der grüne Teil)

100 ml Sake

2 Scheiben Ingwer (à 5 mm), ungeschält

2 Knoblauchzehen

Marinade für Cha-shū

150 ml Sojasauce

2 EL Sake

1 EL Mirin

1 EL Rohrohrzucker

7 g getrockneter Kombu

Ajitsuke tamago (marinierte Eier)

4 Eier (Bio), zimmerwarm

Zuerst das Dashi-Konzentrat zubereiten. Dazu 500 ml Wasser mit Kombu und Katsuobushi in einem Topf zum Kochen bringen und 10 Minuten köcheln lassen. Den Herd ausschalten und die Brühe abkühlen lassen. Durch ein Sieb gießen, dabei den Katsuobushi auspressen, um den Saft bis zum letzten Tropfen aufzufangen. Beiseitestellen.

Nun die Brühe zubereiten. In einem großen Topf 2 l Wasser zum Kochen bringen. Hähnchenflügel und Schweinefleisch darin 1 Minute blanchieren, anschließend abgießen und abtropfen lassen, die Brühe dabei auffangen. Die Brühe wieder in den Topf geben. Fleisch, Zwiebel, Karotte, Shiitake, Lauch, Sake, Ingwer und Knoblauch hinzufügen, bei mittlerer Hitze aufkochen lassen. Dann die Temperatur reduzieren, den Deckel auflegen und dabei einen 5 mm großen Spalt lassen. Die Suppe 1½ Stunden köcheln lassen. Nun das Schweinefleisch herausnehmen und abkühlen lassen. Das Dashi-Konzentrat zur Brühe geben und ohne Deckel bei schwacher Hitze weitere 45 Minuten köcheln lassen. Vom Herd nehmen und durch ein feines Sieb gießen. Es sollten etwa 1,6 l Brühe sein.

Während die Brühe kocht, alle Zutaten für die Marinade in einen verschließbaren Gefrierbeutel geben, der groß genug ist, um das Schweinefleisch hineinzulegen. Beiseitestellen.

Für Ajitsuke Tamago Wasser in einem Topf zum Kochen bringen. Die Eier 6½ Minuten garen, dann sofort kalt abschrecken, um den Kochvorgang zu stoppen. Die Eier abkühlen lassen und pellen, dann für 1 Minute in eine Schüssel mit Wasser legen, um den Eigeruch zu neutralisieren. Abtropfen lassen.

Das Schweinefleisch und die gekochten Eier in den Beutel mit der Marinade geben. Beim Verschließen möglichst viel Luft herausdrücken. Fleisch und Eier für mindestens 2 Stunden, besser über Nacht, in den Kühlschrank legen.

TIPPS

Genießen Sie die zarten Hähnchenflügel mit etwas Sojasauce, Öl aus geröstetem Sesam und Reisessig sowie ein paar Kräutern (Koriander oder Schnittlauch) als köstliches kleines Gericht.

–

Werfen Sie die Reste von Katsuobushi und Kombu niemals weg! Sie können zur Zubereitung von Furikake (S. 167) verwendet werden.

–

Soll Cha-shū für Chimaki verwendet werden (S. 80), genügen 100 g Schweinefleisch. Es lässt sich bei Bedarf gut einfrieren.

Vegane Ramen

VEGAN

MIT DREIERLEI PILZEN UND DUFTENDEM ÖL

精進ラーメン

Für 4 Personen
Vorbereitung: 20 Min.
Garzeit: 20 Min.

Suppe

100 g Enokipilze

60 g Austernpilze

10 g getrocknete Shiitake, in veganer Brühe eingeweicht (S. 28)

2 EL geschmacksneutrales Pflanzenöl

1 Knoblauchzehe, gehackt

1 Rezept vegane Brühe für Ramen (S. 28)

4 EL Sojasauce

3 EL Mirin

3 EL Hefeflocken

Salz

320 g getrocknete oder frische Ramen (S. 20)

2 Pak Choi, der Länge nach geviertelt

Pfeffer

Duftendes Öl (Negiabura) 葱油

2 Frühlingszwiebeln, in sehr dünne Ringe geschnitten

1 Stück Ingwer (2,5 cm), gehackt

1 Knoblauchzehe, gehackt

1 große rote Chili (Piment d'Espelette oder chinesische Chili), in 1 cm dicke Ringe geschnitten

150–200 ml Sonnenblumenöl (oder kalt gepresstes Sesamöl)

Für die Suppe die Enokipilze waschen, die Stiele entfernen und die Hüte grob zerpflücken. Die Austernpilze grob trennen und die Stiele abschneiden. Die Shiitake vierteln. Das Öl in einen Topf geben und den Knoblauch darin bei mittlerer Hitze anschwitzen. Wenn der Knoblauch duftet, die Pilze hinzufügen und 1 Minute braten, bis sie gar sind. Brühe, Sojasauce, Mirin und Hefeflocken zufügen und abdecken. Aufkochen lassen, dann auf schwache Hitze herunterschalten und 10 Minuten köcheln lassen. Abschmecken und nach Belieben mit 1–2 TL Salz nachwürzen.

In der Zwischenzeit für das Negiabura-Öl Frühlingszwiebeln, Ingwer, Knoblauch und Chili in eine Pfanne oder einen kleinen Topf geben. So viel Öl zugießen, dass die Zutaten schwimmen, aber nicht bedeckt sind. Bei mittlerer Hitze erwärmen. Wenn das Öl anfängt, Blasen zu werfen, die Temperatur reduzieren und alles bei schwacher Hitze unter gelegentlichem Rühren 3 Minuten köcheln lassen. Wenn die Zwiebeln gebräunt sind, das Öl durch ein feines Sieb abgießen. Zwiebeln und Chili aufbewahren – sie können auch als Gewürz verwendet werden.

In einem Topf mit reichlich Wasser die Ramen nach Packungsangabe (getrocknete Nudeln) oder nach dem Rezept auf S. 21 (frische Ramen) garen. 1 Minute vor Ende der Garzeit den Pak Choi in den Topf geben und mitgaren. Abgießen und abtropfen lassen.

Die Nudeln in große Portionsschalen füllen. Den Pak Choi darauf anrichten, mit der Brühe übergießen und 1–2 TL Negiabura dazugeben. Mit Pfeffer würzen und sofort servieren.

TIPP

Ich beträufele auch gern Tofu mit Negiabura und Sojasauce und bestreue ihn mit gebratenen Frühlingszwiebeln und Chili! Das Öl ist sehr aromatisch und schmeckt auch hervorragend zu Nudeln.

Gemüsebrühe

VEGAN

精進ラーメンスープ

Für 4 Personen
Vorbereitung: 10 Min.
Ruhezeit: 1 Nacht
Garzeit: 45 Min.

- 10 g getrockneter Kombu
- 10 g getrocknete Shiitake
- 2,4 l gefiltertes Wasser
- 1 Stück Ingwer (2,5 cm)
- 2 Knoblauchzehen
- 160 g Gemüsereste (z. B. Karottenschalen, Brokkolistiele, Kohlstrünke, Pilzfüße)
- 1 kleine Zwiebel, geviertelt
- 1 Lauchstange (nur der grüne Teil)

Kombu, Shiitake und 1 l gefiltertes Wasser in einen Topf geben. Über Nacht ziehen lassen (oder 2 Stunden in kochendem Wasser, aber es schmeckt besser, wenn man es über Nacht in kaltem Wasser ziehen lässt).

Am nächsten Tag Kombu und Shiitake aus dem Wasser nehmen und in einen Topf geben. Ingwer und Knoblauch schälen. 1,4 l gefiltertes Wasser, Gemüsereste, Zwiebel, Lauch, Ingwer und Knoblauch zu Kombu und Shiitake in den Topf geben. Bei mittlerer Hitze zum Kochen bringen. Den Deckel auflegen, dabei einen 5 mm großen Spalt lassen. Die Brühe 40 Minuten bei schwacher bis mittlerer Hitze köcheln lassen, dann durch ein Sieb abgießen.

TIPP

Damit Sie diese Brühe jederzeit zubereiten können, sollten Sie alle Gemüsereste in einem großen Beutel im Kühlschrank aufbewahren.

Hiyashi tantan-men

VEGAN

(NUDELN IN CREMIGER SUPPE)

豆乳冷やし坦々麺

Für 4 Personen
Vorbereitung: 25 Min.
Garzeit: 20 Min.

320 g getrocknete chinesische Nudeln (oder frische Ramen, S. 20)

Pikantes veganes Ragout

50 g feines Sojaprotein

eingeweichte Shiitake aus der Dashi shojin

100 g Champignons

2 EL geschmacksneutrales Pflanzenöl

1 Stück Ingwer (2 cm), fein gehackt

1 Knoblauchzehe, gehackt

½ Zwiebel, fein gehackt

150 ml Dashi shojin (S. 122)

1 EL helles Miso

1–1½ EL Sojasauce

1 EL Rohrohrzucker

1 EL Mirin (alternativ 1 TL Zucker oder 1 TL Zucker + 1 EL Sake)

20 g Walnusskerne, gehackt

1 TL Sesamöl

Salz

Für die Suppe

2 EL Sojasauce

4 EL helles Miso

4 EL Tahin

400 ml Dashi shojin (S. 122)

400 ml Sojadrink

Salz

Zum Garnieren

Rā-yu (S. 139)

Koriandergrün

Sesam

2 Handvoll junger Blattspinat

Für das Ragout das Sojaprotein nach Packungsangabe quellen lassen. Die Stiele der Shiitake entfernen. Shiitake-Köpfe und Champignons hacken.

In einer Pfanne 2 EL Öl erhitzen. Noch bevor es heiß wird, Ingwer und Knoblauch hinzufügen und bei mittlerer bis hoher Hitze anschwitzen. Sobald sie duften, die Zwiebel hinzufügen und 2 Minuten braten. Die Pilze zugeben und mitbraten, bis sie gar und zart sind. Sojaprotein, Dashi, Miso, Sojasauce, Zucker und Mirin hinzufügen. Ständig umrühren, damit die Flüssigkeit verdampft. Wenn die Flüssigkeit fast verdampft ist, die gehackten Walnüsse und das Sesamöl hinzufügen. Abschmecken und bei Bedarf nachsalzen.

Für die Suppe Sojasauce, Miso und Tahin in einer Schüssel mit etwas Dashi verrühren. Den Sojadrink und den Rest der Dashi unterrühren. Abschmecken und bei Bedarf nachsalzen.

Das Ragout in einem Topf bei geringer Hitze erwärmen.

Die Nudeln in einem großen Topf mit Wasser nach Packungsangabe kochen. In ein Sieb abgießen und unter fließendem Wasser gut abspülen. Die Nudeln mit der Hand ausdrücken, um möglichst viel Wasser zu entfernen.

Suppe, Nudeln und Einlagen auf vier große Portionsschalen verteilen. Etwas Ragout daraufgeben, mit Rā-yu, Koriandergrün, Sesam und Blattspinat garnieren und sofort servieren.

TIPP

Dieses Gericht kann sowohl kalt als auch warm gegessen werden. Um die Suppe aufzuwärmen, geben Sie 100 ml Sojadrink und 50 ml zusätzliche Dashi sowie nach Bedarf etwas mehr Salz dazu. Die Suppe bei sehr geringer Hitze erwärmen, um ein Aufkochen zu vermeiden, da dies die Textur verändern würde. Die Nudeln nach dem Kochen nicht abspülen, sondern sofort in die Suppe geben.

–

Das pikante vegane Ragout ist im Kühlschrank 3 Tage haltbar und kann auch eingefroren werden.

Ich liebe dieses Ragout. Man kann es zu italienischen Nudeln, japanischem Reis und sogar zu einem Salat servieren. Ich bereite es in großen Mengen zu und verwende es für viele Gerichte.

Soba-Nudeln mit Rogen

カラスミ蕎麦

Für 4 Personen
Vorbereitung: 5 Min.
Garzeit: 5–10 Min.

280 g getrocknete Soba-Nudeln

Sauce

240 ml Mentsuyu (S. 14)

Zum Garnieren

120 g weißer Rettich

25 g Bottarga (oder mehr nach Geschmack), plus etwas mehr zum Reiben

2 EL natives Olivenöl extra

1 Yuzu (alternativ Bergamotte oder Zitrone), geviertelt

Für die Sauce Mentsuyu und 120 ml Wasser in einer Schüssel verrühren. Die Garnitur vorbereiten. Dazu den Rettich schälen und raspeln, die Bottarga in acht dünne Scheiben schneiden.

Die Soba-Nudeln nach Packungsangabe kochen. In einem Sieb abtropfen lassen und gut abspülen, dabei mit der Hand unter dem Wasserstrahl etwas reiben, um die Stärke zu entfernen. Die Nudeln mit der Hand leicht ausdrücken, um möglichst viel Wasser zu entfernen.

Sauce, Olivenöl und Soba-Nudeln miteinander vermischen. Auf vier Teller verteilen und geriebenen Rettich, Bottarga und Yuzu-Viertel darauf anrichten. Kurz vor dem Servieren die Yuzu auspressen (nach Belieben) und die Nudeln mit etwas geriebener Bottarga bestreuen.

TIPP

Dieses Gericht wird kalt gegessen – es macht also nichts, wenn die Nudeln beim Entfernen der Stärke abkühlen.

Sōmen

茄子素麺

粉物

Für 4 Personen
Vorbereitung: 15 Min.
Garzeit: 15 Min.

320 g Sōmen-Nudeln

Beilage A
200 g Aubergine
2 TL Öl
1 TL Mentsuyu (S. 14)

Beilage B
120 g Gurke

Beilage C
1 Ei
½ TL Rohrohrzucker
1 TL Öl

Beilage D
2 Shiitake von Mentsuyu shojin (S. 14; oder 2 frische Shiitake + 1 TL Öl + 1 TL Mirin + 1 TL Sojasauce)

Beilage E
1 Frühlingszwiebel, gehackt

Beilage F
20 g Ingwer, geraspelt

Beilage G
5 Shiso-Blätter, gehackt

Sauce
200 ml Mentsuyu (S. 14)

Für Beilage A die Aubergine in dünne Scheiben schneiden. Das Öl in einer Pfanne erhitzen und die Auberginenscheiben darin anbraten. 1 EL Wasser hinzufügen, die Pfanne abdecken und die Aubergine bei mittlerer Hitze garen. Wenn sie weich wird, die Mentsuyu hinzufügen und 30 Sekunden anbraten.

Für Beilage B die Gurke der Länge nach halbieren, entkernen und in Juliennestreifen schneiden.

Für Beilage C Ei und Zucker in einer Schüssel mit einem Schneebesen aufschlagen. Das Öl in einer Pfanne erhitzen, das Ei hineingießen und stocken lassen. Sobald die Oberfläche trocken aussieht, das Omelett wenden und auf der anderen Seite 10 Sekunden garen. Auf einen Teller geben. Das Omelett zunächst dritteln, dann in sehr feine Streifen schneiden.

Für Beilage D die Shiitake aus der Mentsuyu shojin in feine Streifen schneiden. Alternativ frische Shiitake in feine Streifen schneiden, 2 Minuten in Öl anbraten, Mirin und Sojasauce hinzufügen und umrühren.

Alle Beilagen auf separaten Tellern anrichten, sodass sich jeder nach Belieben bedienen kann. Für die Sauce Mentsuyu mit 200 ml Wasser verrühren und in vier Schälchen anrichten.

Wenn alle Beilagen fertig sind, die Sōmen-Nudeln in reichlich Wasser nach Packungsangabe kochen. In ein Sieb abgießen und großzügig mit kaltem Wasser abspülen, um die Stärke zu entfernen, die auf der Oberfläche der Nudeln einen klebrigen Film bildet. Gut abtropfen lassen. Die Nudeln auf einen großen Teller oder ein *zaru* geben (einen Teller unterstellen!) und sofort servieren. Zum Essen die Nudeln in die Sauce tauchen und jeden Bissen mit einer anderen Beilage genießen.

TIPPS

Die Kochzeit von Sōmen ist sehr kurz und sie sollten sofort nach dem Kochen gegessen werden, weil sich sonst ihre Konsistenz verändert. Darum ist es wichtig, alle Beilagen vorher zuzubereiten.

–

Verwenden Sie zum Abgießen der Sōmen ein Sieb, aus dem das stärkehaltige Wasser gut und restlos ablaufen kann (siehe Küchengeräte S. 256–257).

VEGANE VERSION

Lassen Sie das Omelett weg und verwenden Sie Mentsuyu shojin.

Soba-Salat

VEGAN

MIT ERDNUSS-SAUCE UND KORIANDER

蕎麦サラダ

Für 4 Personen
Vorbereitung: 10 Min.
Garzeit: 5–10 Min.

Sauce

6 EL Erdnuss-Sauce (alternativ Tahin oder anderes Nussmus)

4 TL Rohrohrzucker

6 EL Sojasauce

4 EL natives Olivenöl extra

Saft von ½ Zitrone

Salat

180 g Topinambur

½ rote Zwiebel

100 g weiße Champignons

½ Gurke

280 g getrocknete Soba-Nudeln

Rucola (nach Belieben)

Koriandergrün

Zum Garnieren

20 g Walnuss- und Haselnusskerne (gemischt), gehackt

1 Prise Chilipulver

natives Olivenöl extra

Alle Zutaten für die Sauce in einer Schüssel verrühren.

Für den Salat den Topinambur schälen und in 3 mm dicke Scheiben schneiden. Zwiebel und Champignons in sehr feine Streifen schneiden. Die Gurke der Länge nach halbieren, entkernen und in Juliennestreifen schneiden.

Die Soba-Nudeln nach Packungsangabe kochen. In ein Sieb abgießen und gut abspülen, dabei die Nudeln mit der Hand unter dem Wasserstrahl abreiben, um die Stärke zu entfernen, die auf der Oberfläche einen klebrigen Film bildet. Die Nudeln mit der Hand leicht ausdrücken, um möglichst viel Wasser zu entfernen.

Nudeln, Gemüse und Sauce auf vier Schalen verteilen (einige Pilze, Rucola- und Korianderblättchen zum Garnieren aufbewahren). Gut vermischen. Mit gehackten Nüssen und Chili, den beiseitegestellten Pilzen, Rucola- und Korianderblättern bestreuen und mit etwas Olivenöl beträufeln.

Gyoza-Teig

手作り餃子の皮

A

B

Für 4–6 Personen (40 Stück)
Vorbereitung: 1 Std.
Ruhezeit: 30 Min.–1 Std.
Garzeit: 10 Min.

400 g Mehl (Type 550)

1 TL Salz

1 TL Sesamöl aus geröstetem Sesam

Zum Arbeiten

Kartoffelstärke (oder Maisstärke)

Vorbereitete Füllung nach Wahl

siehe S. 40

Zum Garen in der Pfanne

1 EL geschmacksneutrales Pflanzenöl

Mehl und Salz in einer Schüssel mischen. 200 ml heißes Wasser zugießen und mit Stäbchen (oder einer Gabel) zu einer bröseligen Masse verrühren. Etwas abkühlen lassen, dann mit den Händen verkneten und zur Kugel formen **(A)**. Den Teig auf die Arbeitsfläche legen und etwa 10 Minuten kneten, bis die Oberfläche vollständig glatt ist. Wieder zur Kugel formen. In ein feuchtes Küchentuch wickeln und 30 Minuten bis 1 Stunde bei Zimmertemperatur ruhen lassen. Die Kugel in zwei Teile schneiden und jeden Teil zu einem Strang formen. Die Stränge in je 20 Scheiben * schneiden **(B)**. Den Teig in Frischhaltefolie wickeln, damit er nicht austrocknet.

Speisestärke auf die Arbeitsfläche streuen. Ein Teigstück mit der Hand flach drücken und mit der linken Hand festhalten. Das Nudelholz in die rechte Hand nehmen. Einmal über den Teig rollen, dann den Teig drehen und erneut rollen. Wiederholen, bis ein Kreis entsteht **(C)**. Seine Mitte sollte dicker sein (2 mm) als die Ränder (1 mm). Von beiden Seiten mit Speisestärke bestreuen, zur Seite legen und mit einem Geschirrtuch bedecken. Mit allen Teigstücken wiederholen.

1 TL Füllung in die Mitte jedes Teigkreises geben. Den Rand mit dem Finger befeuchten. Den Teig über der Füllung zur Hälfte

C

D

falten und die Mitte der gegenüberliegenden Ränder zwischen Daumen und Mittelfinger halten. Zwischen der Mitte und einem Ende S-förmige Falten **(D)** bilden, die bis zum Rand reichen. Auf der anderen Seite wiederholen, dabei die Teigränder fest zusammendrücken. Auf diese Weise fünf bis sechs Falten bilden. Die Gyoza auf einen Teller legen und leicht andrücken, damit die Unterseite flach wird.

Zubereitung in der Pfanne

In einer Pfanne (mit dicht schließendem Deckel) 1 EL Öl mit Küchenpapier verteilen und erhitzen. Die Gyoza nebeneinander in die Pfanne legen und die Unterseiten bei mittlerer Hitze goldbraun braten. Dann 100 ml kochendes Wasser zugießen und die Pfanne abdecken. Die Gyoza 7–8 Minuten bei mittlerer bis schwacher Hitze garen. Wenn das Wasser vor Ende der Garzeit verdampft ist, etwas Wasser nachgießen.

Den Deckel abnehmen und die Gyoza mit 1 TL Sesamöl beträufeln. Nochmals 1 Minute braten, bis die Unterseiten schön goldbraun sind.

Zubereitung in Wasser **

In einem großen Topf reichlich Wasser zum Kochen bringen. Die Gyoza hineinlegen. Sobald sie an die Oberfläche steigen, 4–5 Minuten köcheln lassen. Anschließend abgießen und abtropfen lassen.

Unabhängig von der gewählten Kochmethode sofort genießen.

** Für das Foto habe ich der besseren Sichtbarkeit wegen 16 Scheiben geschnitten. Ihre Scheiben sollten etwas dünner sein.*

*** Vorsicht, wenn die Gyoza nicht sorgfältig verschlossen sind, können sie sich im Kochwasser öffnen.*

Füllungen für Gyoza

餃子のタネ

Füllung mit Schweinefleisch 豚肉餃子

Für 4–6 Personen (40 Gyoza)
Vorbereitung: 30 Min.
Einweichzeit: 3 Std.

7 g getrocknete Shiitake
150 g Spitzkohl (oder Chinakohl)
½ TL Salz
300 g Hackfleisch (vom Schweinenacken)
1 Knoblauchzehe, gehackt
5 g Ingwer, fein gehackt
½ kleine Zwiebel, fein gehackt
1 EL Sojasauce
½ EL Austernsauce
1 TL Sesamöl aus geröstetem Sesam
Pfeffer

Die getrockneten Shiitake 3 Stunden in 300 ml Wasser einweichen. Abtropfen lassen, die Stiele entfernen und die Köpfe fein hacken. Den Kohl fein hacken und mit dem Salz vermischen. 20 Minuten abtropfen lassen, dann mit den Händen das Wasser ausdrücken. Das Hackfleisch mit Knoblauch und Ingwer kneten, bis es breiig wird. Shiitake, Kohl und Zwiebel untermischen, dann Sojasauce, Austernsauce und Sesamöl hinzugeben. Mit Pfeffer würzen und alles gut vermengen.

Die Mischung bis zur Verwendung (S. 38–39) im Kühlschrank aufbewahren.

TIPP

Wenn Sie den Teig nicht selbst herstellen, achten Sie darauf, wirklich Gyoza-Teig (rund und weiß) und nicht Wonton-Teig (quadratisch und oft gelb) zu kaufen.

Füllung mit Gemüse 野菜餃子

VEGAN

Für 4–6 Personen (40 Gyoza)
Vorbereitung: 20 Min.
Einweichzeit: 3 Std.
Garzeit: 10 Min.

7 g getrocknete Shiitake
1 große Zucchini
1 EL Salz
1 Karotte
150 g Spitzkohl (alternativ Wirsing oder Chinakohl)
250 g fester Tofu
1 EL geschmacksneutrales Pflanzenöl
1 Schalotte, gehackt
1 Knoblauchzehe, gehackt
5 g Ingwer, fein gehackt
1½ EL Sojasauce
2 EL Hefeflocken
1 TL Rohrohrzucker
1 TL Sesamöl aus geröstetem Sesam
2 TL Kartoffelstärke (oder Maisstärke)

Die getrockneten Shiitake 3 Stunden in 300 ml Wasser einweichen. Abtropfen lassen, dabei das Einweichwasser auffangen. Die Stiele von den Pilzen entfernen und die Köpfe fein hacken. Die Zucchini grob raspeln, salzen, 15 Minuten abtropfen lassen, dann mit den Händen das Wasser ausdrücken. Die Karotte schälen und grob raspeln. Die Kohlblätter in einem großen Topf mit kochendem Wasser 1–2 Minuten blanchieren, herausnehmen, gut abtropfen lassen und zwischen den Händen ausdrücken. Fein hacken. Den Tofu mit einer Gabel zerdrücken.

Das Öl in einer Pfanne erwärmen. Schalotte, Knoblauch und Ingwer darin bei mittlerer Hitze anbraten. Wenn sie zu duften beginnen, Zucchini und Karotte hinzufügen und 2–3 Minuten mitgaren, bis die Karotte weich wird. Kohl, Tofu und Shiitake zugeben und weitere 2 Minuten garen. Sojasauce, Hefeflocken, Zucker, Sesamöl und Speisestärke hinzufügen. Umrühren, die Füllung vollständig abkühlen lassen und wie auf S. 38–39 beschrieben verarbeiten.

Okonomiyaki

(JAPANISCHE PFANNKUCHEN)

お好み焼き

Für 4 Personen
Vorbereitung: 15 Min.
Garzeit: 10 Min. pro Stück

200 g Spitzkohl (oder Weißkohl)

2 Frühlingszwiebeln

100 g Yamswurzel (oder Kartoffel)

100 g Garnelen, entdarmt

16 Austern

2 Eier

200 g Mehl

½ TL Salz

1 Handvoll Katsuobushi (getrockneter Thunfisch)

4 EL Sonnenblumenöl

Zum Garnieren

Okonomiyaki-Sauce (oder Tonkatsu-Sauce) *

Mayonnaise (oder Sojamayonnaise, S. 139)

4 große Prisen Katsuobushi (getrockneter Thunfisch)

Dillspitzen (nach Belieben)

Den Kohl in feine Streifen und die Frühlingszwiebeln in dünne Ringe schneiden. Die Yamswurzel reiben. Die Garnelen längs halbieren, die Austern öffnen und aus der Schale nehmen.

Geriebene Yamswurzel, 200 ml Wasser und Eier in einer Schüssel verrühren. Mehl und Salz dazugeben und vermengen. Kohl, Frühlingszwiebeln und den zwischen den Händen zerbröselten Katsuobushi untermischen. Schließlich Garnelen und Austern unterheben.

In eine heiße Pfanne 1 EL Öl geben und mit etwas Küchenpapier verteilen. Ein Viertel des Teigs in die Pfanne geben und bei mittlerer Hitze 3 Minuten backen, dann umdrehen, die Pfanne abdecken und den Pfannkuchen weitere 5 Minuten garen. Erneut umdrehen und ohne Deckel weitere 2–3 Minuten backen. Aus dem restlichen Teig drei weitere Okonomiyaki backen.

Die Okonomiyaki auf einzelnen Tellern servieren. Über die gesamte Oberfläche großzügig Sauce verteilen und Mayonnaise darüberträufeln. Mit einer kräftigen Prise Katsuobushi bestreuen und mit Dillspitzen dekorieren.

---

* ALTERNATIVE ZU OKONOMIYAKI- ODER TONKATSU-SAUCE

4 EL Worcestersauce, 2 EL Ketchup, 1 EL Mirin und ½ TL Sojasauce in einem kleinen Topf verrühren. Bei schwacher Hitze unter Rühren erhitzen, bis die Sauce eindickt.

VEGANE VERSION

Für eine vegane Version werden die Meeresfrüchte und der Katsuobushi durch 150 g Pilze (z. B. Austernpilze oder Shiitake) ersetzt. Pilze in 1 EL Öl anbraten und mit 2 TL Salz und 1 EL Hefeflocken würzen. 100 g Yamswurzel (oder Kartoffeln) hinzufügen.

Sie können gern auch andere Zutaten in die Okonomiyaki geben. Im Japanischen bedeutet okonomi *»was Sie mögen« und* yaki *»gebraten«. In den Restaurants gibt es eine große Auswahl an Füllungen und Toppings. Erfinden Sie ruhig Ihre eigene Version dieses Rezepts!*

Oyaki

VEGAN

(GEBRATENE GEFÜLLTE TEIGTASCHEN)

おやき

粉物

Ergibt 8 Stück
Vorbereitung: 30 Min.
Garzeit: 20 Min.
Ruhezeit: 1 Std.

Teig

190 g Mehl

1 EL Kartoffelstärke

Kürbisfüllung (für 4 Stück)

200 g Kabocha-Kürbis (oder Hokkaido)

1 TL Kartoffelstärke (falls Hokkaido verwendet wird)

½ EL Sojasauce

1½ TL Rohrohrzucker

1 Prise Salz

15 g Walnusskerne, grob gehackt

Auberginen-Miso-Füllung (für 4 Stück)

1 EL braunes Miso

1 EL Sake

2 TL Sojasauce

1 EL Mirin

1 TL Rohrohrzucker

½ Aubergine

2 frische Shiitake

1½ EL geschmacksneutrales Pflanzenöl

Zum Arbeiten und Garen

Kartoffelstärke

geschmacksneutrales Pflanzenöl

Für den Teig Mehl und Kartoffelstärke in einer Schüssel mischen. 140 ml kochendes Wasser zugießen und mit einem Spatel verrühren. Den Teig etwas abkühlen lassen, dann mit den Händen kneten, zuerst in der Schüssel und dann auf der Arbeitsfläche. Falls der Teig sehr klebt, die Arbeitsfläche mit etwas Kartoffelstärke bestäuben. Den glatten Teig zu einer Kugel formen, in ein feuchtes Tuch wickeln und 1 Stunde bei Zimmertemperatur ruhen lassen.

Für die Kürbisfüllung den Kürbis schälen (falls Kabocha verwendet wird) und in große Stücke schneiden. Im Dampf garen, bis er schön weich ist. Abtropfen lassen, gegebenenfalls mit der Kartoffelstärke bestreuen und mit einem Kartoffelstampfer zerdrücken. Sojasauce, Zucker und Salz zugeben und verrühren. Die Walnüsse untermischen. Die Füllung zu vier Bällchen formen und im Kühlschrank aufbewahren.

Für die Auberginen-Miso-Füllung Miso, Sake, Sojasauce, Mirin und Zucker in einer Schüssel verrühren. Zur Seite stellen. Die Aubergine waschen. Aubergine und Shiitake in 1 cm große Würfel schneiden, dann das Öl in einer Pfanne erhitzen und beides darin bei mittlerer Hitze anbraten. Wenn die Aubergine weich ist, die Miso-Mischung zugeben und weitere 4–5 Minuten braten, bis die Flüssigkeit verdampft ist. Abkühlen lassen.

Für die Oyaki die Arbeitsfläche leicht mit Kartoffelstärke bestäuben. Aus dem Teig eine Rolle formen und in acht gleich große Stücke schneiden. Jedes Stück mit einem Nudelholz zu einem Kreis von 10 cm Durchmesser ausrollen, dabei darauf achten, dass die Ränder dünner sind als die Mitte. 1 EL Auberginenfüllung oder ein Bällchen Kürbisfüllung in die Mitte jeder Teigscheibe geben, dann die Teigränder über der Füllung gut zusammendrücken. Die Oyaki mit der geschlossenen Seite nach unten auf die Arbeitsfläche legen und vorsichtig etwas flacher drücken.

Etwas Öl in einer Pfanne erhitzen. Die Oyaki darin auf beiden Seiten bei mittlerer Hitze goldbraun braten. Dann 100 ml Wasser zugießen, den Deckel auflegen und die Oyaki bei mittlerer bis schwacher Hitze 8 Minuten garen. Falls das Wasser vor Ende der Garzeit verdampft ist, etwas Wasser nachgießen. Sofort servieren.

TIPPS

Gebratene Oyaki lassen sich sehr gut einfrieren. Vor dem Servieren einfach gefroren in einem Dampfkorb oder einer leicht eingeölten Pfanne 5–6 Minuten erwärmen.

–

Kabocha ist eine japanische Kürbissorte. Sie ist süßer und enthält weniger Wasser als die meisten europäischen Kürbisse.

Nikuman und Yasaiman

(TEIGTASCHEN MIT SCHWEINEFLEISCH- UND GEMÜSEFÜLLUNG)

肉まん / 野菜まん

A

B

Ergibt 8 Stück
Vorbereitung: 30 Min.
Garzeit: 17 Min.
Ruhezeit: 1½–2½ Std.

Teig

200 g Mehl (Type 550)
1 Prise Salz
½ TL Backpulver
50 ml Sojadrink (25–40 °C)
65 ml Wasser (25–40 °C)
45 g Rohrohrzucker
5 g Trockenhefe
1 EL geschmacksneutrales Pflanzenöl

Vorbereitete Füllung nach Wahl

siehe S. 50

Für den Teig Mehl, Salz und Backpulver in einer Schüssel mischen. In einem Messbecher Sojadrink, Wasser, Zucker, Hefe und Öl gut verrühren. Die flüssige Mischung nach und nach zur Mehlmischung geben und unterrühren. Den Teig mit der Hand kneten, zunächst in der Schüssel, dann etwa 10 Minuten auf der Arbeitsfläche, bis er glatt und homogen wird. Zu einer Kugel formen, in eine Schüssel legen und die Oberfläche des Teigs leicht einölen. Mit einem feuchten Küchentuch abdecken. An einem warmen Platz (25–30 °C) 1–2 Stunden ruhen lassen, bis sich das Volumen des Teigs verdoppelt hat.

Die Teigtaschen formen. Dazu den Teig in acht gleich große Portionen teilen und jede zu einer Kugel rollen. Mit einem feuchten Geschirrtuch abdecken und 15 Minuten bei Zimmertemperatur ruhen lassen. Dann jede Kugel mit der Hand flach drücken. Die Arbeitsfläche mit etwas Speisestärke bestreuen.

C

D

Jede Kugel mit einem Nudelholz zu einem Kreis von 10 cm Durchmesser ausrollen, dabei darauf achten, dass die Ränder etwas dünner sind als die Mitte **(A)**. Auf jede Teigscheibe etwa 2 gehäufte TL Füllung geben **(B)**.

Den Teigrand hochziehen, dabei 2 cm breite Fältchen formen und diese fest zusammendrücken **(C)**, bis der Teig vollständig über der Füllung geschlossen ist. Den dabei entstehenden Zipfel leicht drehen, sodass man eine hübsche Spiralform erhält **(D)**.

Jede Teigtasche auf ein Stück Backpapier und dann in einen Dampfkorb legen. Abdecken und 15 Minuten ruhen lassen, danach 17 Minuten bei mittlerer bis starker Hitze dämpfen. Heiß mit japanischem Senf und einer Mischung aus Sojasauce und Reisessig genießen.

Diese Teigtaschen stammen ursprünglich aus China. Mein Vater bereitete sie an den Wochenenden zu, und als Kind konnte ich gar nicht genug davon bekommen. Während die meisten japanischen Männer seiner Generation nur selten die Küche betreten, kochte mein Vater immer gern, vor allem exotische Gerichte. Durch ihn habe ich als Kind viele fremde Geschmäcker kennengelernt. In Japan verbreiteten sich diese Teigtaschen durch die kombini *– kleine Lebensmittelläden, die rund um die Uhr geöffnet sind. Sie bieten Nikuman und Yasaiman im Winter als warmen Snack an. Doch selbst gemacht schmecken sie viel besser.*

Füllungen für Teigtaschen

肉まん / 野菜まん

Für 8 Stück
Vorbereitung: 10 Min.
Einweichzeit: 3 Std.

Füllung mit Schweinefleisch

5 g getrocknete Shiitake
200 g Hackfleisch vom Schweinebauch
1 Lauchstange, fein gehackt
1 Stück Ingwer (2 cm), fein gehackt
½ Knoblauchzehe, gehackt
2 EL Sojasauce
1 TL Rohrohrzucker
1 TL Sojasauce
1 TL Sesamöl aus geröstetem Sesam
Pfeffer

Sauce
4 EL Sojasauce
2 EL Reisessig
japanischer Senf (nach Belieben; oder Rā-yu, S. 139)

Die getrockneten Shiitake 3 Stunden in 200 ml Wasser einweichen. Anschließend abtropfen lassen und fein hacken. Alle Zutaten mit den Händen zu einer klebrigen Masse vermengen.

Bis zur Verwendung (S. 48–49) im Kühlschrank aufbewahren.

Für die Sauce alle Zutaten miteinander verrühren, in ein Schälchen geben und zu den Teigtaschen servieren.

Für 8 Stück
Vorbereitung: 20 Min.
Einweichzeit: 3 Std.
Garzeit: 5 Min.

Füllung mit Gemüse VEGAN

10 g getrocknete Shiitake
50 g Mungobohnen-Vermicelli
1 EL geschmacksneutrales Pflanzenöl
1 Stück Ingwer (1 cm), fein gehackt
1 Schalotte, fein gehackt
2 frische Shiitake, gehackt
50 g junger Blattspinat, gehackt
2–3 Blätter Spitzkohl (100 g), gehackt
1 EL Hefeflocken
1 TL Sojasauce
1 Prise Salz
2 Prisen Zucker
1 TL Sesamöl aus geröstetem Sesam
2 TL Kartoffelstärke (oder Maisstärke)

Die getrockneten Shiitake 3 Stunden in 200 ml Wasser einweichen. Anschließend abtropfen lassen, dabei 100 ml Einweichwasser auffangen. Die Pilze fein hacken. Die Vermicelli nach Packungsangabe kochen, abtropfen lassen und grob hacken. Das Öl in einer Pfanne erwärmen, Ingwer und Schalotte darin bei mittlerer Hitze anschwitzen. Frische und eingeweichte Shiitake dazugeben und 1 Minute unter Rühren braten. Spinat und Spitzkohl hinzufügen und 2–3 Minuten mitbraten, bis das Gemüse weich ist. Glasnudeln, Hefeflocken, Sojasauce, Salz, Zucker und Sesamöl hinzugeben. Die Flüssigkeit unter Rühren verdampfen lassen. In einer Schüssel die Speisestärke mit 100 ml Einweichwasser von den Shiitake anrühren, dann in die Pfanne geben. 30 Sekunden unter ständigem Rühren köcheln lassen, dann vom Herd nehmen.

Vollständig abkühlen lassen und bis zur Verwendung (S. 48–49) im Kühlschrank aufbewahren.

釜浅
KAMA-ASA
商店
DEPUIS 1908

KAMA-ASA

釜浅商店

Für mein erstes Buch habe ich eine Reise nach Tokio unternommen. Ich bin über den berühmten Tsukiji-Markt geschlendert und habe Kappabashi, die Straße der Küchenutensilien, durchstreift. Dort gibt es unglaublich viele Geschäfte, die mit der Welt des Kochens zu tun haben. Es gibt Verpackungen zu kaufen, Nachbildungen von Lebensmitteln, Küchenutensilien, Geschirr ... Ich könnte den ganzen Tag dort verbringen!
In einem der Geschäfte war ich von der Schönheit, der Raffinesse und der hohen Qualität der Utensilien besonders begeistert. Auch der Sachverstand der Verkäufer beeindruckte mich – sie waren echte Profis, die ihre Produkte genau kannten. Dieser Laden hieß KAMA-ASA. Einige Jahre später erfuhr ich, dass in Paris eine KAMA-ASA-Filiale eröffnet worden war und ging gleich hin. Der Pariser Laden ist winzig, aber ein wahres Schatzkästchen. Zwei leidenschaftliche Fachleute, die von ihren Produkten überzeugt sind, beraten die Kunden. Handgehämmerte Töpfe, gusseiserne Schüsseln aus Nambu, wunderschöne *kama* (japanische Kochtöpfe), Messer in allen Formen und Materialien für die verschiedensten Zwecke. Einfach umwerfend. Wenn Sie dort ein Produkt kaufen, endet Ihre Geschichte mit KAMA-ASA nicht – sie beginnt erst. Die Mitarbeiter sind kompetente Fachleute. Sie erklären genau, wie Sie die Utensilien richtig verwenden und wie man sie pflegt, damit sie viele Jahre halten. Es liegt ihnen am Herzen, dass die Kunden Freude an den Utensilien haben, die mit viel Sorgfalt und Liebe hergestellt wurden. Hier gibt es sogar ein Kindermesser mit dem Namen »Mein erstes Messer«, das erst nach jahrelangem Schärfen, also wenn das Kind erwachsen ist, seine endgültige Form bekommt. Dieses Messer steht für die ungewöhnlich enge Beziehung zwischen KAMA-ASA, ihren Produkten und ihren Kunden und für die Hochachtung vor dem traditionellen japanischen Handwerk.

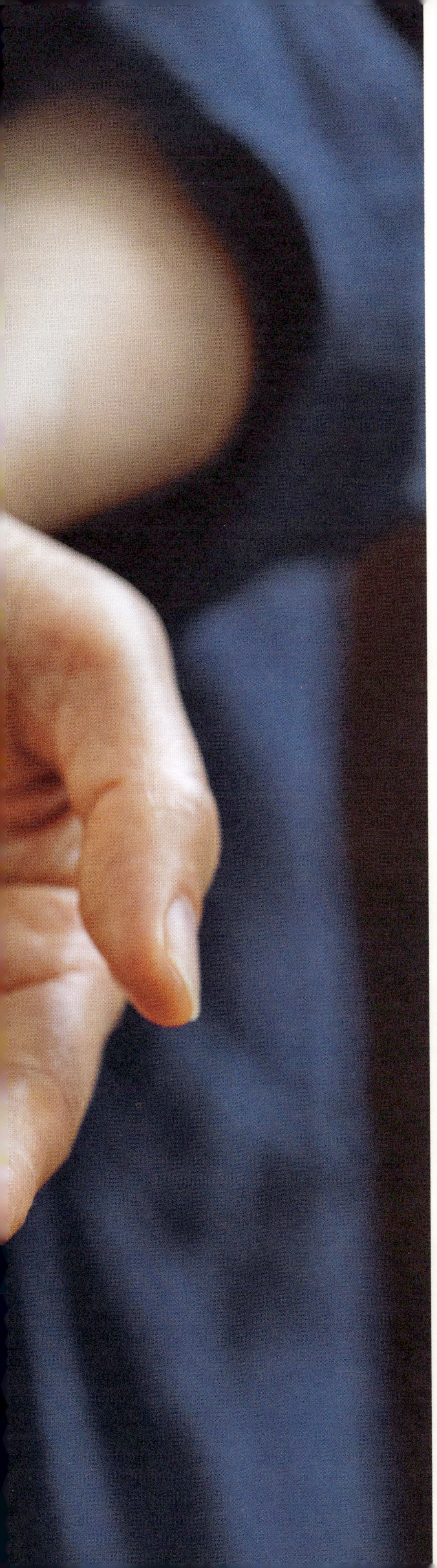

ご飯もの

REIS

Reis kochen

米の炊き方

Weißer Reis im Topf 白米の炊き方

Für 4 Personen
Vorbereitung: 5 Min.
Ruhezeit: 40 Min.
Garzeit: 15 Min.

400 ml japanischer Reis (oder Rundkornreis) *

480 ml gefiltertes Wasser

** Bitte zum Abmessen die Skala für Flüssigkeiten auf dem Messbecher verwenden.*

Den Reis in eine große Schüssel geben. Reichlich Wasser in die Schüssel gießen und mit der Hand umrühren. Sofort durch ein Sieb abgießen und das Wasser wegschütten. Den Reis wieder in die Schüssel geben. Die Hand wie eine Schöpfkelle runden, als würde man einen großen Ball halten. Die Finger in die Reiskörner tauchen und etwa 20-mal rühren, dabei große Kreise ziehen. Wasser in die Schüssel gießen – es wird weiß. Das Wasser sofort abgießen und die Handbewegung 20-mal wiederholen. Diesen Vorgang insgesamt 4-mal wiederholen, bis das Wasser klar bleibt. Den Reis gut abtropfen lassen.

Den Reis und das gefilterte Wasser in einen Topf mit dickem Boden geben. Abdecken und 30 Minuten stehen lassen, dann bei mittlerer Hitze zum Kochen bringen. Die Temperatur reduzieren und den Reis bei schwacher Hitze 12–13 Minuten garen. Vom Herd nehmen und 10 Minuten ruhen lassen. Den Reis schnell mit einem Spatel durchrühren und bis zur Verwendung wieder abdecken.

TIPPS

Für die Zubereitung im Reiskocher den mitgelieferten Messbecher verwenden (normalerweise 180 ml) und die angegebene Füllhöhe für die Wassermenge einhalten.

–

Es ist nicht unbedingt notwendig, den Reis vor dem Kochen in gefiltertem Wasser einzuweichen. Es bewirkt aber, dass sich die Reiskörner bis in den Kern mit Wasser vollsaugen. Das wirkt sich positiv auf den Geschmack aus.

Vollkornreis im Reiskocher 玄米の炊き方

Für 4 Personen
Vorbereitung: 5 Min.
Ruhezeit: 2¼ –12 Std.
Garzeit: 35 Min.

400 ml japanischer Vollkornreis (oder Vollkorn-Rundkornreis)

1 l gefiltertes Wasser (zum Einweichen)

480 ml gefiltertes Wasser (zum Kochen)

½ TL Salz

Den Reis in eine große Schüssel geben. Reichlich Wasser zugeben und mit der Hand umrühren. Sofort durch ein Sieb abgießen und das Wasser wegschütten. Den Reis wieder in die Schüssel geben. Die Hände in die Schüssel tauchen und die Reiskörner leicht zwischen den Händen reiben. Wasser in die Schüssel gießen, umrühren, abtropfen lassen und den Reis wieder in die Schüssel geben. Diesen Vorgang insgesamt dreimal durchführen. Durch das Reiben wird die Schale der Reiskörner leicht aufgeraut und sie können das Wasser gut aufnehmen. Den Reis mit 1 l gefiltertem Wasser bedecken und mindestens 2 Stunden (idealerweise 12 Stunden) einweichen. Anschließend gut abtropfen lassen.

Den Reis, 480 ml gefiltertes Wasser und das Salz in den Reiskocher geben. Auf mittlerer Stufe erhitzen. Nach dem Zischen 25 Minuten bei schwacher Hitze garen. Das Gerät ausschalten und den Reis 15 Minuten ruhen lassen, dann zügig mit einem Spatel durchrühren und bis zur Verwendung abdecken.

TIPPS

Wenn Sie den Reis in einem Topf kochen möchten, geben Sie Reis, Salz und 540 ml gefiltertes Wasser in den Topf. Zum Kochen bringen und bei schwacher Hitze 35 Minuten garen, dann vom Herd nehmen und 15 Minuten ruhen lassen.

–

Vollkornreis hat einen leicht bitteren Beigeschmack, der durch das Salz neutralisiert wird.

A

B

Sushi-Reis

酢飯の炊き方

Für 4 Personen
Vorbereitung: 5 Min.

400 ml japanischer Reis *
410 ml gefiltertes Wasser
1 EL Sake
5 g getrockneter Kombu

Sushi-Essig
120 ml Reisessig
1 EL Zucker
2 TL Salz

** Bitte zum Abmessen die Skala für Flüssigkeiten auf dem Messbecher verwenden.*

A

Den Reis waschen und kochen (siehe Reis kochen, S. 56), dabei den Sake zum Wasser geben und den Kombu auf den Reis legen **(A)**.

Während der Reis gart, die Zutaten für den Sushi-Essig gut verrühren, bis Salz und Zucker vollständig aufgelöst sind.

B

C

Den gegarten Reis sofort in eine große Schüssel geben. Solange der Reis noch heiß ist, den Essig in drei Portionen über den Reis gießen, sodass die gesamte Oberfläche benetzt wird **(B)**. Bei jedem Gießen einen Spatel schräg durch den Reis ziehen, als wolle man ihn schneiden **(C)**, damit die Körner nicht zerdrückt werden.

Den Reis ausbreiten, damit er schneller abkühlt. Mit einem feuchten Geschirrtuch abdecken und bei Zimmertemperatur aufbewahren.

TIPP

Sushi-Reis nicht in den Kühlschrank stellen, dadurch verändert sich seine Konsistenz völlig.

Temari-zushi

手まり寿司

Für 4 Personen
(24 Stück, Garnitur nach Wahl)

gekochter Sushi-Reis für 4 Personen (S. 58)

Lila Radieschen (für 4 Stück) VEGAN

12 sehr dünne Scheiben von lila Radieschen

½ TL Salz

½ TL Zucker

½ TL in feine Streifen geschnittener Ingwer

1 Umeboshi, entsteint und geviertelt (nach Belieben)

Die Radieschenscheiben mit Salz und Zucker bestreuen und 15 Minuten abtropfen lassen. Zwischen den Händen ausdrücken. Zum Formen (siehe rechts) drei Scheiben Radieschen in der Mitte des Tuchs übereinanderlegen. Zuerst ein Stück Umeboshi, dann eine Reiskugel darauflegen und den Temari-zushi formen. Mit etwas Ingwer bestreuen.

Gebratene Shiitake (für 4 Stück) VEGAN

1 EL geschmacksneutrales Pflanzenöl

4 frische Shiitake, halbiert

2 EL Sake (alternativ Wasser oder Dashi)

½ TL Sojasauce

Saft von ⅛ Zitrone

Sesam

Das Öl in einer kleinen Pfanne erhitzen. Die Shiitake darin bei mittlerer bis schwacher Hitze 1–2 Minuten unter häufigem Wenden braten. Den Sake zugeben, zudecken und bei geringer Hitze garen. Wenn die Flüssigkeit verdampft ist, die Sojasauce zugießen und den Herd ausschalten. Mit Zitronensaft beträufeln und abkühlen lassen. Zum Formen (siehe rechts) zwei Shiitake-Stücke in die Mitte des Tuchs geben, dann eine Reiskugel darauflegen und den Temari-zushi formen. Mit Sesam bestreuen.

Shiitake amani (für 4 Stück) VEGAN

4 getrocknete Shiitake

1 EL Sojasauce

1 EL Mirin

½ EL Zucker

Schale von 1 Bio-Yuzu (oder einer anderen Zitrusfrucht), in feine Streifen geschnitten

Die Shiitake in einem kleinen Topf 3 Stunden in 250 ml Wasser einweichen. Über dem Topf ausdrücken, dabei das Einweichwasser auffangen. Die Stiele der Pilze entfernen und die Köpfe wieder in den Topf geben. Sojasauce, Mirin und Zucker hinzufügen, den Deckel auflegen und alles 15 Minuten bei mittlerer Hitze köcheln lassen. Den Deckel abnehmen und die Flüssigkeit verdampfen lassen, bis nur noch eine dünne Schicht auf dem Topfboden verbleibt. Vom Herd nehmen und abkühlen lassen. Die Shiitake über dem Topf auspressen (der Saft eignet sich hervorragend zum Beträufeln von gekochtem Reis). Zum Formen (siehe rechts) einen Shiitake in die Mitte des Tuches geben, dann eine Reiskugel darauflegen und den Temari-zushi formen. Mit etwas Zitrusschale bestreuen.

Sardine (für 4 Stück)

2 Sardinen (in 4 Filets geteilt, siehe Anleitung S. 178 oder vom Händler filetieren lassen)

1 Prise Salz

½ TL geriebener Ingwer

Die Sardinen mit Salz bestreuen und 15 Minuten im Kühlschrank ruhen lassen. Dann die Oberfläche vorsichtig mit einem Küchenpapier abtupfen. Jedes Filet in zwei Hälften schneiden. Zum Formen (siehe rechts) zwei Sardinenstücke mit der Rückseite nach unten auf das Tuch legen, dabei etwas überlappen lassen. Eine Reiskugel daraufgeben und den Temari-zushi formen. Mit etwas Ingwer bestreuen.

Seebrasse (für 4 Stück)

80 g Filet von der wilden Seebrasse (grätenfrei)

1 Prise Salz

1 Halm Schnittlauch, gehackt

Wasabi (nach Belieben)

Den Fisch in acht Scheiben schneiden, mit Salz bestreuen und 10 Minuten im Kühlschrank ruhen lassen. Dann die Oberfläche vorsichtig mit Küchenpapier abtupfen. Zum Formen (siehe rechts) zwei Stücke Seebrasse etwas überlappend in die Mitte des Tuchs legen. Eine Reiskugel daraufgeben und den Temari-zushi formen. Mit etwas Schnittlauch und nach Belieben mit Wasabi garnieren.

Marinierte Paprika (für 8 Stück) VEGAN

1 kleine gelbe Paprika

2 TL Sojasauce

1 EL Reisessig

1 TL Rohrohrzucker

1 Prise Salz

1 EL Olivenöl

1 Halm Schnittlauch, gehackt (oder etwas Gurkenschale, in feine Streifen geschnitten)

Die Paprika auf ein Backblech legen und im vorgeheizten Backofen bei 250 °C von jeder Seite 15–20 Minuten garen, bis die Haut verbrannt ist. Für 5 Minuten in einen Beutel oder in eine abgedeckte Schüssel legen. Dann die Paprika vierteln, die Haut abziehen und die Kerne entfernen. Sojasauce, Reisessig, Zucker, Salz und Olivenöl in einer Schüssel zu einer Marinade verrühren. Die Paprika hineingeben und 30 Minuten im Kühlschrank marinieren. Jedes Stück der Länge nach halbieren. Zum Formen (siehe rechts) zwei Paprikastücke etwas überlappend in die Mitte des Tuchs geben. Eine Reiskugel darauflegen und den Temari-zushi formen. Mit etwas Schnittlauch bestreuen.

Grünkohl (für 4 Stück) VEGAN

4 junge Grünkohlblätter

½ TL Sojasauce

1 Umeboshi, entsteint und geviertelt (nach Belieben)

Dillspitzen

Die Kohlblätter in einem Topf mit kochendem Salzwasser 1 Minute blanchieren. Abtropfen lassen, dabei zwischen den Händen ausdrücken. Mit Sojasauce beträufeln. Zum Formen (siehe unten) ein Kohlblatt in der Mitte des Tuchs ausbreiten und ein Stück Umeboshi in die Mitte geben. Dann eine Reiskugel darauflegen und den Temari-zushi formen. Mit etwas Dill bestreuen.

Schwarzwurzel kinpira (für 4 Stück) VEGAN

¼ Rezept Schwarzwurzel kinpira (S. 127)

Chilipulver

Zum Servieren (siehe unten) etwas Schwarzwurzel in die Mitte des Tuchs geben. Eine Reiskugel darauflegen und den Temari-zushi formen. Mit etwas Chilipulver garnieren.

Temari-zushi formen

Die Hände unter Wasser halten und auf einem sauberen Tuch abtupfen: Sie sollten gut feucht bleiben, aber nicht tropfen. Aus jeweils 1 gehäuften EL Sushi-Reis mit den feuchten Händen eine Kugel von der Größe eines Tischtennisballs formen, dabei darauf achten, dass der Reis nicht zu fest gepresst wird. In diesem Schritt müssen die Kugeln nicht perfekt rund sein. Insgesamt sollte die Reismenge 28 Kugeln ergeben.

Ein dünnes Geschirrtuch befeuchten und gut auswringen. Eine Portion Garnitur auf das Tuch legen, dann eine Reiskugel. Die Ecken des Tuchs zusammennehmen und das Tuch fest zusammendrehen, um Reis und Garnitur zu einer festen Kugel zu formen. Nach jeweils zwei bis drei Temari-zushi das Tuch ausspülen und auswringen.

Chirashi-zushi

ちらし寿司

ご飯もの

Für 4 Personen
Vorbereitung: 45 Min.
Einweichzeit: 2 Std.
Ruhezeit: 30 Min.–1 Std.
Garzeit: 10 Min.

Sushi-Reis für 4 Personen (S. 58)

Shiitake amani

10 g getrocknete Shiitake

1 kleine Karotte

1 TL Sonnenblumenöl

1 EL Sojasauce

1 EL Mirin

1 EL Rohrohrzucker

1 TL Reisessig

Seebrasse

300 g Filet von der wilden Seebrasse (ohne Haut und Gräten)

2 kleine Prisen Salz

Omelett

2 Eier

1 TL Rohrohrzucker

1 Prise Salz

1 TL geschmacksneutrales Pflanzenöl

Zum Garnieren

1 Glas Bio-Lachsrogen (50 g)

einige Halme Schnittlauch, fein gehackt

einige Rucolablätter und -blüten

einige Kirschblüten, gewaschen und vorsichtig abgetrocknet

Shiitake amani

Die Shiitake mindestens 2 Stunden in 200 ml Wasser einweichen. Abtropfen lassen, dabei das Einweichwasser auffangen. Die Karotte schälen, zuerst in 2 cm lange Stücke und dann in feine Stifte schneiden. Den harten Teil der Shiitake-Stiele entfernen und die Pilze in 3 mm breite Streifen schneiden. Das Öl in einem Topf erhitzen. Karotte und Shiitake darin bei mittlerer Hitze 1 Minute anbraten. 100 ml Einweichwasser, Sojasauce, Mirin, Zucker und Reisessig hinzugeben. Bei mittlerer Hitze ohne Deckel köcheln lassen und gelegentlich umrühren, bis nur noch ein Rest Flüssigkeit am Boden des Topfes ist. Vom Herd nehmen und abkühlen lassen.

Seebrasse

Die Fischfilets auf beiden Seiten mit Salz bestreuen. 30 Minuten bis 1 Stunde im Kühlschrank ruhen lassen, dann die Oberfläche mit Küchenpapier abtupfen. Die Filets der Länge nach halbieren und in Sashimi schneiden. In Frischhaltefolie wickeln und im Kühlschrank aufbewahren.

Omelett

Die Eier in einer Schüssel aufschlagen, Zucker und Salz hinzufügen. Etwas Öl mit einem Küchenpapier in einer Pfanne verteilen und erhitzen. Eine dünne Schicht Ei hineingeben (wie zur Zubereitung eines sehr dünnen Pfannkuchens) und bei mittlerer Hitze backen – nicht zu lange, es soll schön gelb bleiben. Das Omelett umdrehen und die andere Seite 1 Sekunde backen. Sofort auf einen Teller geben. Aus dem restlichen Ei ein bis zwei weitere Omeletts backen. Die Omeletts übereinanderlegen, zuerst in drei Teile und dann in sehr schmale Streifen schneiden.

Anrichten

Zuerst den Sushi-Reis vorbereiten (S. 58). Bevor er vollständig abgekühlt ist, die Shiitake-amani-Mischung mit einem Spatel vorsichtig unterheben, ohne die Reiskörner zu zerdrücken. Den Reis auf einen großen Teller geben und Omelett, Seebrasse sowie die Garnitur darauf anrichten. Mit etwas Sojasauce beträufeln.

TIPPS

Wenn man einen Holzspatel verwendet, um den Reis zu mischen, sollte man den Spatel anfeuchten, damit die Reiskörner nicht an ihm festkleben.

–

Das restliche Einweichwasser der getrockneten Shiitake für ein anderes Gericht (z. B. eine Brühe) aufheben. Es hat einen intensiven Umami-Geschmack.

Futomaki

太巻き（鯛／精進）

A

B

Für 4 Personen (32 Stück)
Vorbereitung: 20 Min.

4 Nori-Blätter

gekochter Sushi-Reis für 4 Personen (S. 58)

Zum Arbeiten

Reisessig

Vorbereitete Füllungen nach Wahl

siehe S. 68

Wasser mit etwas Reisessig in eine kleine Schüssel geben. Ein Nori-Blatt mit der rauen Seite nach oben und der langen Seite parallel zum Rand der Arbeitsfläche auf die *makisu,* die Makimatte, legen. Die Hände mit dem Essigwasser befeuchten. Eine Handvoll Sushi-Reis auf der Nori-Oberfläche verteilen, dabei am unteren Rand (an dem man mit dem Rollen beginnt) 1 cm und am oberen Rand 2 cm frei lassen **(A)**. Nicht zu viel Reis verwenden, damit er beim Rollen nicht herausquillt. Man soll das Nori-Blatt zwischen den Reiskörnern noch ein wenig sehen können.

C

D

Die Füllungen parallel zur langen Kante auf den unteren Teil des Nori-Blatts legen. Die Füllungen dürfen aufeinanderliegen. Mehr als drei bis vier Füllungen nebeneinander sollten es nicht sein.

Um mit dem Rollen zu beginnen, den unteren Rand der *makisu* umklappen. Dabei die Füllungen mit den Fingern festhalten, damit sie an Ort und Stelle bleiben **(B)**. Weiter rollen, um die Füllungen einzuschließen, dabei ein wenig drücken – aber nur ganz leicht, damit Reis und Füllungen nicht zerdrückt werden **(C)**. Die fertig geformte Rolle noch einmal vorsichtig zusammendrücken. Die *makisu* 1 Minute lang um den Maki halten **(D)**, dann entfernen und den Maki vorsichtig auf ein Schneidebrett legen. Die Naht liegt dabei unten.

Die restlichen drei Rollen ebenso zubereiten. Jede Rolle halbieren und jede Hälfte vierteln. Die Messerklinge zwischen den Schnitten mit einem feuchten Tuch abwischen, damit die Reiskörner nicht an der Klinge kleben bleiben.

TIPP

Schütten Sie das restliche Einweichwasser der Shiitake nicht weg. Es ist sehr aromatisch und kann beispielsweise für eine Brühe verwendet werden.

Füllungen für Futomaki

太巻き（鯛／精進）

Seebrasse 鯛
(für 32 Stück)

Shiitake und Schwarzwurzel amani

10 g getrocknete Shiitake

1 Schwarzwurzel

1 EL Sonnenblumenöl

1 EL Sojasauce

1 EL Mirin

1 EL Rohrohrzucker

1 TL Reisessig

Seebrasse

150 g Filet von der wilden Seebrasse (ohne Haut und Gräten)

1 Prise Salz

Tamago

2 Eier

1 TL Rohrohrzucker

½ TL Sojasauce

2 Halme Schnittlauch, fein gehackt

1 TL geschmacksneutrales Pflanzenöl

Außerdem

1 Gurke

12 Halme Schnittlauch

6 Scheiben eingelegter Rettich shiokōji (S. 98), in feine Streifen geschnitten (nach Belieben)

Die getrockneten Shiitake 3 Stunden in 200 ml Wasser einweichen. Abtropfen lassen, dabei das Einweichwasser aufbewahren. Die Stiele entfernen und die Pilzköpfe in 5 mm dünne Scheiben schneiden. Die Schwarzwurzel schälen, in 5 cm lange Stücke und dann in Stifte schneiden. Das Öl in einem Topf erhitzen. Shiitake und Schwarzwurzel darin bei mittlerer Hitze 1 Minute braten. 100 ml des Shiitake-Einweichwassers sowie Sojasauce, Mirin, Zucker und Reisessig zugeben. 7 Minuten bei mittlerer Hitze unter Rühren köcheln lassen, bis die Flüssigkeit fast vollständig verdampft ist. Abkühlen lassen.

Die Seebrassen-Filets mit 1 Prise Salz bestreuen und 30 Minuten im Kühlschrank ruhen lassen. Dann die Oberfläche mit Küchenpapier abtupfen und den Fisch in acht lange Streifen schneiden.

Für Tamago das Rezept für Tamagoyaki (S. 175) mit zwei Eiern so zubereiten, dass ein Omelett entsteht, das genauso breit ist wie die Nori-Blätter. In vier lange Streifen schneiden.

Die Gurke längs halbieren, entkernen und in Stücke schneiden, die genauso breit sind wie die Nori-Blätter. Dann in acht Stifte schneiden.

Alle Füllungen auf Sushi-Reis wie auf S. 67 beschrieben zu Futomaki rollen.

Maki shojin 精進 VEGAN
(für 32 Stück)

1 kleine Avocado

1 Spritzer Zitronensaft

1 Handvoll junger Blattspinat

Shiitake und Schwarzwurzel amani (siehe links)

6 Scheiben eingelegter Rettich shiokōji (S. 98), in feine Streifen geschnitten (nach Belieben)

Karotte kinpira

½ Karotte (45 g)

1 TL Sesamöl aus geröstetem Sesam

1½ TL Mirin

½ TL Sojasauce

1 kleine Prise Salz

Die Avocado halbieren, entkernen und jede Hälfte der Länge nach in sechs Scheiben schneiden. Mit Zitronensaft beträufeln, damit sie nicht braun werden. Den Spinat waschen, 1 Minute in einem Topf mit kochendem Salzwasser blanchieren, abtropfen lassen und mit den Händen gründlich ausdrücken. Die Karotte kinpira nach dem Rezept auf S. 127 mit den oben angegebenen Zutaten zubereiten.

Alle Füllungen auf Sushi-Reis wie auf S. 67 beschrieben zu Futomaki rollen.

Tegone-zushi

(SUSHI MIT MARINIERTEM THUNFISCH UND KRÄUTERN)

てごね寿司

Für 4–6 Personen
Vorbereitung: 10 Min.
Marinade: 30 Min.

gekochter Sushi-Reis für 4 Personen (S. 58)

Marinade

6 EL Sojasauce

4 EL Mirin

4 TL Sesamöl aus geröstetem Sesam

1 Stück Ingwer (5 cm), gerieben, Saft ausgepresst

Thunfisch

600 g roter Thunfisch (oder tagesfrischer Bonito)

1 TL Salz

1 Prise Rohrohrzucker

Zum Garnieren

10 Halme Schnittlauch, fein gehackt

6 Stängel Koriandergrün, fein gehackt

10 Shiso-Blätter, in feine Streifen geschnitten

2 EL gerösteter Sesam

1 Stück Ingwer (3,5 cm), fein gehackt

2 Nori-Blätter, in kleine Stücke zerpflückt

Yuzu (alternativ Bergamotte oder Zitrone; nach Belieben)

Alle Zutaten für die Marinade in einer Schüssel verrühren.

Den Thunfisch in 5 mm dicke Stücke schneiden, auf einem großen flachen Teller ausbreiten und mit Salz und Zucker bestreuen. 10 Minuten im Kühlschrank ruhen lassen. Dann die Thunfischstücke in die Marinade geben und 30 Minuten ziehen lassen.

Die Hälfte der Kräuter, den gesamten Sesam und den Ingwer zum Sushi-Reis geben. Mit einem Spatel umrühren und darauf achten, dass die Reiskörner nicht zerdrückt werden. Die Thunfischstücke aus der Marinade nehmen, ebenfalls zum Reis geben und vorsichtig unterheben.

Vor dem Servieren mit den restlichen Kräutern und den zerpflückten Nori-Blättern bestreuen. Nach Belieben mit Zitrussaft und der restlichen Marinade beträufeln.

GESCHICHTE

Tegone bedeutet »mit der Hand mischen«. Ursprünglich wurde dieses Gericht von Fischern während ihrer Arbeit auf dem Boot zubereitet. Die Sashimi-Scheiben werden also nicht elegant auf dem Reis angeordnet, sondern grob mit der Hand untergemischt. Heutzutage wird aus hygienischen Gründen eher ein Spatel verwendet, aber der rustikale Charakter ist erhalten geblieben. Ich verfeinere dieses Gericht gern mit vielen verschiedenen Kräutern.

Onigiri

おにぎりの握り方

A

B

Für 4 Personen
(4 große Onigiri oder 8 kleine)
Vorbereitung: 10 Min.

gekochter, heißer Reis
für 4 Personen (S. 56)

Salz

1 Nori-Blatt, in 4 Streifen
geschnitten (nach Belieben)

Zum Füllen

Rezepte auf S. 74

Den Reis in eine Schüssel geben und so weit abkühlen lassen, dass man ihn anfassen kann. Die Körner mit einem Spatel leicht und vorsichtig lockern. Eine kleine Schüssel mit Wasser und einen kleinen Teller mit Salz bereitstellen. Die Hände unter fließendem Wasser gut befeuchten, dann abschütteln. Die Hände sollten gut feucht bleiben, aber nicht tropfen.

1 Prise Salz zwischen Daumen, Zeige- und Mittelfinger nehmen und in die Handfläche der anderen Hand geben **(A)**. Die Hände reiben, um das Salz auf den Handflächen zu verteilen. Ein Viertel der Reismenge (oder ein Achtel für kleine Onigiri), in die Hand nehmen. Ein kleines Loch in die Mitte drücken und die gewünschte Füllung hineingeben **(B)**.

C

D

Den Reis um die Füllung schließen und wieder zur Kugel formen. Falls nötig, etwas Reis hinzufügen, um die Füllung zu bedecken. Die Teigkugel in eine flach gewölbte Handfläche legen und die andere Hand wie ein spitzes Dach darauflegen, sodass die beiden Hände ein Dreieck bilden. Das Onigiri zwischen den Händen leicht zusammendrücken, um es zu formen **(C)**. Drehen und mehrmals behutsam drücken, nur bei den ersten beiden Malen etwas mehr Kraft aufwenden: Wenn Sie danach zu viel Druck ausüben, werden die Körner zerdrückt und das Onigiri wird matschig. Das Onigiri mit einem Nori-Streifen umwickeln **(D)**.

Die Hände waschen und den Vorgang wiederholen, bis der Reis aufgebraucht ist.

TIPP

Durch den hohen Stärkegehalt des japanischen Reises lassen sich die Dreiecke leicht formen. Wenn der Reis nicht heiß genug ist, wird er hart. Dann muss man unnötige Kraft aufwenden, um die Bällchen in Form zu bringen, und die Körner lösen sich im Mund nicht mehr so, wie sie sollten. Wenn Ihr Reis zu stark abgekühlt ist, können Sie ihn über Dampf oder in der Mikrowelle erwärmen. Am besten ist es aber, die Onigiri direkt zuzubereiten, wenn der Reis gekocht ist und 10 Minuten geruht hat.

Onigiri-Variationen

おにぎり

Für 4 Personen (4 große Onigiri oder 8 kleine)
Reismenge und Formen siehe S. 72–73

Katsuo-kombu 鰹こんぶ

4 EL Furikake-Gewürz (S. 167), plus 4 Prisen

Die Gewürzmischung mit dem gekochten, heißen Reis mischen. Die Onigiri formen und jeweils mit 1 Prise Furikake bestreuen.

Thunfisch-Mayo ツナマヨ

1 Dose Thunfisch in Sonnenblumenöl (100 g)

1 EL Mayonnaise (oder Sojamayonnaise, S. 139)

2 TL Sojasauce

Schale von 1 Bio-Zitrone (oder Bergamotte), in feine Streifen geschnitten

rotes Chilipulver

Den Thunfisch gut abtropfen lassen und mit einer Gabel zerpflücken. Mayonnaise und Sojasauce mit einer Gabel unterrühren. Etwas von der Mischung zum Füllen der Reisbällchen verwenden. Die fertigen Onigiri mit Thunfischmischung, Zitronenschale und Chilipulver garnieren.

Nameshi (grüne Blätter) 菜飯 VEGAN

70 g Grünkohlblätter (alternativ Rüben- oder Radieschenblätter)

1⅓ TL Salz

1 EL gerösteter Sesam

Die ganzen Blätter gründlich waschen. Wasser mit 1 TL Salz in einem Topf zum Kochen bringen. Die Blätter mit dem Stiel zuerst eintauchen und 1–2 Minuten blanchieren. Abgießen und abkühlen lassen. Die Blätter mit der Hand gut ausdrücken und klein schneiden. In eine Schüssel geben und mit ⅓ TL Salz würzen. Mit dem heißen Reis und dem Sesam mischen und zu Onigiri formen.

Ume (gesalzene Pflaume) 梅 VEGAN

5 Umeboshi

1 Nori-Blatt

Die Umeboshi entsteinen, eine für die Garnierung vierteln. Das Nori-Blatt in vier Streifen schneiden. Jedes Onigiri mit einer Umeboshi füllen, dann mit einem Streifen Nori umwickeln und mit einer geviertelten Umeboshi garnieren.

Ikura いくら

1 Glas Fischrogen (z. B. Lachs oder Forelle; 50 g)

4 Shiso-Blätter

Die Onigiri mit je 1 TL Fischrogen füllen. Etwas Fischrogen auf jedes Bällchen setzen und jeweils auf ein Shiso-Blatt setzen.

Reis mit Maronen

VEGAN

栗ご飯

Für 4 Personen
Vorbereitung: 15–45 Min.
Ruhezeit: 40 Min.–1 Std. 40 Min.
Garzeit: 13 Min.

500 g rohe Maronen (alternativ 250 g vorgekochte Maronen)

400 ml roher japanischer Reis *

1 Stück Ingwer (2,5 cm), in feine Streifen geschnitten

1 TL Salz

20 ml Sake

Gomasio (Gewürzmischung aus geröstetem Sesam und Meersalz; nach Belieben)

** Bitte zum Abmessen die Skala für Flüssigkeiten auf dem Messbecher verwenden.*

Wenn rohe Maronen verwendet werden, müssen diese zuerst geschält werden. Dazu die Maronen in einen Topf legen, mit Wasser bedecken, zum Kochen bringen und 5 Minuten garen. Abgießen und abtropfen lassen. Maronen dann in eine Schüssel geben, mit kochendem Wasser bedecken und für 1 Stunde zur Seite stellen. Anschließend erneut abgießen und abtropfen lassen. Den rauen Teil mit einem Messer einritzen und die Schale der Esskastanien zur Spitze hin abziehen. Danach die dünne Haut mit einem Messer entfernen.

Den Reis waschen (siehe S. 56). Reis, Maronen, Ingwer und Salz in einen Topf geben. Sake und 460 ml Wasser zufügen und den Reis garen, wie auf Seite 56 beschrieben. Für die Zubereitung im Reiskocher verfahren wie unten beschrieben.

Den Reis vor dem Servieren nach Belieben mit Gomasio bestreuen.

TIPPS

Die Zubereitung frischer Maronen macht zwar viel Mühe, aber der Aufwand lohnt sich. Es gibt noch andere Möglichkeiten, sie zu garen, etwa im Backofen oder in der Pfanne, aber dabei werden sie trocken und hart. In meiner Familie wird dieses Gericht jedes Jahr zubereitet, wenn frische Maronen auf den Markt kommen. Wenn ich als Kind aus der Schule kam und sah, dass meine Mutter Maronen schälte, begann sofort mein Magen zu knurren. Für mich ist dies ein festliches und außergewöhnliches Gericht, das den Beginn des Herbstes ankündigt. Wer keine Möglichkeit hat, frische Maronen zu kaufen, kann auch vorgekochte verwenden.

–

Für die Zubereitung im Reiskocher verwenden Sie den mitgelieferten Messbecher und füllen ihn zweimal. Geben Sie zuerst Reis, Sake und Salz hinein, dann das Wasser, wobei Sie den Füllstand für 2 Gläser Reis beachten sollten. Anschließend Ingwer und Maronen hinzufügen. Es ist wichtig, das Wasser-Reis-Verhältnis des jeweiligen Geräts zu beachten.

Reis mit jungen Erbsen

VEGAN

豆ご飯

Für 4 Personen
Vorbereitung: 15 Min.
Ruhezeit: 40 Min.
Garzeit: 13 Min.

500 g Erbsen mit Schoten (ausgelöst 200 g)

400 ml roher japanischer Reis *

3 g getrockneter Kombu

2 Prisen Salz

20 ml Sake

1 TL geschmacksneutrales Pflanzenöl

** Bitte zum Abmessen die Skala für Flüssigkeiten auf dem Messbecher verwenden.*

Die Erbsen aus den Schoten lösen. Den Reis waschen (siehe S. 56). Reis, Erbsen, Kombu und Salz in einen Topf geben. Sake, 460 ml Wasser und Öl zugießen und den Reis garen, wie auf Seite 56 beschrieben. Für die Zubereitung im Reiskocher verfahren wie unten beschrieben.

TIPP

Für die Zubereitung im Reiskocher verwenden Sie den mitgelieferten Messbecher und füllen ihn zweimal. Geben Sie zuerst Reis, Sake und Salz hinein, dann Wasser und Öl, wobei Sie den Füllstand für 2 Gläser Reis beachten sollten. Anschließend Kombu und Erbsen hinzufügen. Es ist wichtig, das Wasser-Reis-Verhältnis des jeweiligen Geräts zu beachten.

Dies ist mein Lieblings-Reisgericht. Es ist ganz einfach zuzubereiten, aber den Geschmack der jungen Erbsen finde ich herrlich. Man kann sie auch durch junge dicke Bohnen ersetzen.

Chimaki

(GEDÄMPFTER KLEBREIS)

中華ちまき

Für 4 Personen (8 Chimaki)
Vorbereitung: 40 Min.
Ruhezeit: 2 Std.
Garzeit: 1 Std. 15 Min.

Füllung

3 große getrocknete Shiitake

50 g Karotte

100 g Topinambur

100 g Schweinebauch (ohne Schwarte; oder 100 g Cha-shū, S. 25)

1 EL Sesamöl aus geröstetem Sesam

Würze

Einweichwasser der Shiitake

2 EL Sake

1½ EL Sojasauce

½ EL Rohrohrzucker

1 EL Austernsauce

Reis

360 ml Klebreis *

1 EL geschmacksneutrales Pflanzenöl

1 Schalotte, fein gehackt

1 Stück Ingwer (5 cm), fein gehackt

8 vorgegarte Maronen (nach Belieben)

Utensilien

16–20 Bambusblätter (asiatischer Supermarkt), 15 Min. in Wasser eingeweicht, dann abgetupft

oder 8 Stücke Backpapier (30 × 24 cm) + Küchengarn

Bambus-Dampfkorb (oder Dampfgarer)

** Bitte zum Abmessen die Skala für Flüssigkeiten auf dem Messbecher verwenden.*

Zunächst die getrockneten Shiitake 2 Stunden in 400 ml Wasser einweichen. Den Reis in einer Schüssel mit Wasser vermischen, abtropfen lassen und ebenfalls 2 Stunden in einer großen Schüssel mit Wasser einweichen.

Nun die Füllung vorbereiten: Die Shiitake abtropfen lassen, dabei das Einweichwasser auffangen. Die Stiele entfernen und die Pilzköpfe vierteln. Karotte und Topinambur schälen und in 2 cm lange, dünne Stifte schneiden. Das Schweinefleisch in 1,5 cm große Würfel schneiden. Das Sesamöl in einem Topf erhitzen und Shiitake, Karotte, Topinambur und Schweinefleisch darin 1 Minute bei mittlerer Hitze anbraten. Alle Würzzutaten hinzufügen und die Mischung ohne Deckel köcheln lassen, bis die Flüssigkeit um die Hälfte reduziert ist. Vom Herd nehmen und zur Seite stellen.

Den Reis gut abtropfen lassen. Das Öl in einer großen Pfanne erhitzen, Schalotte und Ingwer darin bei mittlerer Hitze anschwitzen. Den Reis zugeben und 3 Minuten mitbraten, bis die Reiskörner leicht glasig werden. Dann die geschmorte Füllung mitsamt der Flüssigkeit dazugeben. Etwa 7 Minuten garen, dabei gelegentlich mit einem Pfannenwender über den Pfannenboden rühren, ohne die Reiskörner zu zerdrücken, bis der Reis die Flüssigkeit aufgesogen hat. Vom Herd nehmen und abkühlen lassen. Die Reis-Gemüse-Masse in acht gleich große Portionen teilen.

Um die Chimaki zu formen, zwei Bambusblätter übereinanderlegen (bei breiten und dicken Blättern reicht ein Blatt) und mit der langen Seite parallel zum Rand der Arbeitsfläche legen. Die untere Seite des Blattes so falten, dass sie wie eine Eistüte aussieht. Die Tüte mit einem Achtel der Mischung füllen und eine Marone hineinstecken. Den oberen Teil des Blatts umklappen, um das Chimaki zu schließen, dann das Blatt um die Tüte herumwickeln. Bei der letzten Wicklung das Ende des Blatts in die Öffnung schieben, als würde man einen Umschlag verschließen.

Wird statt der Bambusblätter Backpapier verwendet, jede Portion fest in Backpapier wickeln und wie ein Geschenkpaket verschnüren.

Den Dampfkorb (oder den Dampfgarer) vorbereiten, die Chimaki in den Korb legen und 40 Minuten garen.

TIPP

Chimaki können nach dem Kochen eingefroren werden. Zum Servieren gefroren in einen Dampfkorb legen und etwa 15 Minuten erhitzen.

Donburi kakiage

MIT GARNELEN UND DICKEN BOHNEN

海老のかき揚げ丼

Für 4 Personen
Vorbereitung: 30 Min.
Garzeit: 4 Min.

540 ml roher weißer Reis *, gekocht in 650 ml Wasser (siehe S. 56)

70 g Karotte

60 g Zucchini

70 g rote Zwiebel

12 Garnelen, entdarmt

16 dicke Bohnen

2 EL Mehl

Öl zum Frittieren

Teig

5 EL Mehl

1 EL Kartoffelstärke

Zum Garnieren

6 EL Mentsuyu (S. 14)

1 Stück Ingwer (5 cm), gerieben

** Bitte zum Abmessen die Skala für Flüssigkeiten auf dem Messbecher verwenden.*

Die Karotte schälen. Karotte und Zucchini in 5 cm lange und 3 mm dicke Stifte schneiden. Die Zwiebel schälen, halbieren und dann in 3 mm dicke Scheiben schneiden. In einer Schüssel Garnelen, Karotte, Zucchini, Zwiebel und dicke Bohnen vermengen. Mit dem Mehl bestäuben und noch einmal umrühren.

Für den Teig 7 EL kaltes Wasser, Mehl und Kartoffelstärke in eine kleine Schüssel geben. Nur grob verrühren, damit sich das Glutengerüst nicht zu stark entwickelt. Den Teig zum Gemüse und zu den Garnelen geben und alles vermischen.

In eine große, tiefe Pfanne 2 cm Frittieröl geben und auf 170 °C erhitzen. Die Garnelenmischung mit einem Esslöffel in acht Portionen teilen. In das Öl geben und mit Stäbchen leicht verteilen, dabei darauf achten, dass die Portionen sich nicht berühren. Wenn die Pfanne nicht groß genug ist, nur vier Portionen auf einmal garen. Die Kakiage 30 Sekunden frittieren, dann wenden und mit einem Stäbchen zwei bis drei Löcher in jede Kakiage stechen, damit sie gleichmäßig gart. Weitere 2 Minuten frittieren. Falls nötig, wenden und nochmals 1 Minute garen. Auf Küchenpapier abtropfen lassen.

Den Reis auf vier große Donburi-Schalen (größer als Reisschalen) verteilen. Mit je ½ EL Mentsuyu beträufeln. Zwei Kakiage in jede Schüssel legen, mit 1 EL Mentsuyu beträufeln und mit geriebenem Ingwer bestreuen.

VEGANE VERSION

Ersetzen Sie die Garnelen durch 100 g grob geschnittene Champignons oder 100 g in Stifte geschnittenen Kürbis oder Süßkartoffeln. Sie können es auch mit Topinambur, Schwarzwurzeln oder Paprika versuchen. Bereiten Sie Ihre Kakiage mit dem Gemüse zu, das Sie besonders gern mögen.

Donburi

MIT MARINIERTEM FISCH UND ROHEM EIGELB

漬け丼

Für 4 Personen
Vorbereitung: 10 Min.
Marinade: 15 Min.

480 g Fischfilet von Sashimi-Qualität * (ohne Haut und Gräten)

½ kleine rote Zwiebel

540 ml roher weißer Reis **, gekocht in 650 ml Wasser (S. 56)

4 tagesfrische Eier

Marinade

4 EL Sojasauce

3 EL Mirin

1 EL gerösteter Sesam

** Fragen Sie beim Fischhändler nach, ob der Fisch frisch genug ist, um ihn roh zu essen.*

*** Bitte zum Abmessen die Skala für Flüssigkeiten auf dem Messbecher verwenden.*

Den Fisch in dünne Scheiben schneiden. Für die Marinade Sojasauce, Mirin und Sesam in einer großen Schüssel verrühren. Den Fisch darin 15 Minuten marinieren, dann herausnehmen und die Marinade beiseitestellen. Die Zwiebel längs in sehr feine Streifen schneiden.

Den Reis auf vier große Donburi-Schalen (größer als Reisschalen) verteilen. Die marinierten Fischscheiben und die Zwiebelstreifen auf den Reis legen. In die Mitte jeder Portion ein rohes Eigelb setzen. Mit jeweils 1 EL Marinade beträufeln und genießen.

TIPP

Ich bereite dieses Rezept sehr gern mit Dorade zu, Sie können aber auch jeden anderen Fisch in Sashimi-Qualität verwenden: Lachs, Thunfisch, Sardinen (Filetieren siehe S. 178), Bastardmakrele oder Bonito. Wichtig ist, dass der Fisch extrem frisch ist. Sie werden staunen, wie gut er schmeckt!

Miso zōsui

ⴔ VEGAN

(JAPANISCHER RISOTTO MIT MISO)

味噌雑炊

Für 4 Personen
Vorbereitung: 10 Min.
Garzeit: 10 Min.

50 g weißer Rettich

½ Zwiebel

4 frische Shiitake

100 g Enokipilze

½ Karotte

1 Blatt Chinakohl (oder Spitzkohl)

etwas grünes Blattgemüse (z. B. Grün von Rübe oder Radieschen, Spinat, Rucola, Grünkohl)

1 Aburaage (frittierte Tofutasche; nach Belieben)

1 EL Sesamöl aus geröstetem Sesam

1 Stück Ingwer (2 cm), fein gehackt

800 ml Dashi (S. 166; oder vegane Dashi, S. 122)

1 EL Sojasauce

1 EL Mirin

2–3 Schälchen gekochter Reis (S. 56)

2 EL Miso (hier 1 EL helles und 1 EL dunkles Miso)

Salz

Chilipulver (nach Belieben)

Den Rettich schälen. Rettich und Zwiebel in mundgerechte Stücke schneiden. Die Stiele der Shiitake entfernen und die Köpfe klein schneiden, die Enokipilze dritteln. Die Karotte schälen, längs halbieren und in 1 cm dicke Scheiben schneiden. Das Kohlblatt in mundgerechte Stücke schneiden. Das grüne Blattgemüse grob schneiden. Aburaage, falls verwendet, der Länge nach halbieren und dann in 2 cm breite Streifen schneiden.

Das Öl in einem Topf oder Schmortopf erhitzen. Rettich, Zwiebel, Pilze, Karotte, Kohl, Ingwer und Aburaage 1 Minute bei mittlerer Hitze braten. Dashi, Sojasauce und Mirin hinzugießen. Abdecken und 7 Minuten bei mittlerer Hitze garen, bis das Gemüse weich ist. Den gekochten Reis zugeben und 1 Minute köcheln lassen. Miso zugeben und umrühren, dann den Herd ausschalten. Das Gericht mit Salz abschmecken. Zum Schluß das grüne Blattgemüse hinzufügen und abdecken.

Zum Servieren den Topf auf den Tisch stellen. Miso zōsui auf Schalen verteilen und nach Belieben mit Chilipulver bestreuen. Zu diesem Gericht passt hervorragend Shiozuke mit Chinakohl (S. 94).

TIPP

Der Reis quillt ziemlich stark auf. Man verwendet deswegen etwas weniger als die übliche Menge – darum ist Miso zōsui auch so beliebt bei Menschen, die abnehmen möchten.

Dieses Rezept eignet sich gut, um gegarten Reis zu verwerten. Ich habe in dieser Version viele Gemüsesorten verwendet, man kann Miso zōsui aber auch mit einer oder zwei Gemüsesorten zubereiten. Das Gericht ist einfach und schnell zuzubereiten, sehr nährstoffreich und leicht verdaulich. In meiner Kindheit kochte meine Mutter es für mich, wenn ich krank war. Ich bewahre gekochten Reis immer in einer luftdichten Dose im Kühlschrank auf und bereite mir Miso zōsui oft zum Frühstück zu.

発酵保存食

FERMENTIEREN UND KONSERVIEREN

Fermentieren und konservieren

発酵 / 保存食

発酵 保存食

Fermentierte Lebensmittel sind in der japanischen Küche unverzichtbar. Es beginnt schon am Morgen mit der Misosuppe, die aus Katsuobushi-Brühe, Tsukemono und Natto besteht und mit Sojasauce abgeschmeckt wird. Damit haben wir bereits fünf fermentierte Lebensmittel auf dem Tisch!

Man sagt, dass fermentierte Lebensmittel das Geheimnis der hohen Lebenserwartung der Japaner sind. Gesund sind fermentierte Produkte allemal, die Verfahren entwickelten sich aber lange bevor man das wusste. Sie sind ein Teil unserer langen kulinarischen Geschichte, denn fermentierte Lebensmittel bringen komplexe und tiefe Geschmacksnoten mit. In Japan hat der Wunsch, Lebensmittel über ihre Saison hinaus haltbar zu machen, zur Entwicklung der verschiedenen Fermentations- und Konservierungstechniken geführt. Wir empfinden es als Bereicherung, den Geschmack jeder Jahreszeit über mehrere Monate oder Jahre hinweg bewahren zu können.

1. Fermentation durch Mikroorganismen

(Beispiele: Miso, Sojasauce, Shochu, Mirin, Katsuobushi)

Hierbei handelt es sich genau genommen um eine Fermentation durch Schimmelpilze. Es gibt viele verschiedene Arten von Schimmelpilzen, und man wählt sie abhängig von dem Lebensmittel aus, das man fermentieren möchte. Bei dieser Art der Fermentation werden Enzyme gebildet, die Inhaltsstoffe der Zutaten umwandeln oder aufspalten, sodass ein komplexer Umami-Geschmack, eine leichte Säure oder eine gewisse Süße entstehen. Insofern dient diese Art der Fermentierung nicht nur der Haltbarkeit, sondern auch dem Geschmack.

Kōji – in Japan eine unverzichtbare Zutat für Miso, Sojasauce und Sake – ist ein Ferment, das durch die Besiedelung von Getreide (Reis, Gerste, Sojabohnen) mit dem Schimmelpilz *Aspergillus oryzae* entsteht.

Katsuobushi, getrockneter Bonito, der mit dem Schimmelpilz *Aspergillus glaucus* fermentiert wird, ist die Zutat für die Dashi-Brühe, ein Grundnahrungsmittel der japanischen Küche, das einen reichen Umami-Geschmack beisteuert.

2. Milchsäuregärung und alkoholische Gärung

(Beispiel: Tsukemono)

Tsukemono ist ein Sammelbegriff für Gemüse oder Fisch, die mit Laktobazillen (Milchsäuregärung) und Hefe (alkoholische Gärung) fermentiert werden. In Japan gibt es über 1000 Tsukemono-Arten. Jede Region hat ihre eigene Spezialität, die an die jeweilige Umgebung und Witterung angepasst ist.

Nukazuke (Schritt-für-Schritt-Anleitung S. 92) ist die häufigste und bekannteste. Das Gemüse wird in einer fermentierten Mischung aus Salz, Reiskleie und Wasser, dem Nukadoko, zubereitet. Der Gärungsprozess dauert nur einen Tag und eignet sich für viele Gemüsearten.

Mit Shiozuke (Schritt-für-Schritt-Anleitung S. 94) kann man verschiedene Gemüsesorten lange haltbar machen und auch außerhalb der Saison genießen. Dieses Gemüse ist im Winter eine wichtige Vitaminquelle.

Sokuseki-zuke (S. 96) ist eine schnelle Tsukemono-Methode, bei der man das Gemüse sofort genießen kann, ohne die Fermentation abzuwarten.

3. Fermentation durch andere Bakterien

(Beispiel: Natto)

An Natto (S. 100) scheiden sich die Geister. Diese nach der Aussaat mit dem Bakterium *Bacillus subtilis* fermentierte Sojabohne wird oft als Beilage zum Reis beim Frühstück serviert. Wer es nicht kennt, kann sein extrem klebriges Aussehen und seinen ausgeprägten Geruch abstoßend finden. Wenn man sich jedoch einmal daran gewöhnt hat, ist es schwer, darauf zu verzichten.

4. Konservierung mit Salz

Dies ist eine Methode, bei der Lebensmittel durch Salz ohne Fermentation lange haltbar gemacht werden. Kirschblüten, das äußerst kurzlebige Symbol des Frühlings (S. 116), wilde Bergkräuter (Sansai), die im Frühling und Frühsommer geerntet werden, oder wilde Herbstpilze kann man das ganze Jahr über aufbewahren. Durch das Konservieren mit Salz wird der Geschmack der jeweiligen Jahreszeit eingefangen.

Nukazuke

VEGAN

(MIT KLEIE EINGELEGTES GEMÜSE)

糠漬け

- 500 g Reiskleie (oder Haferkleie; Bio)
- 80 g Salz
- 500 ml ungechlortes Wasser* (abgekocht und abgekühlt)
- 2 EL Sojajoghurt (mit Bifidokulturen)
- 5 g getrockneter Kombu, in 2–3 Stücke geschnitten
- 1 große milde Chili
- 2 getrocknete Shiitake (nach Belieben)
- Gemüse für Sutezuke (z. B. Brokkolistiele, Karottenschalen, welke Karotten, äußere Kohlblätter)
- Gemüse für Nukazuke (siehe rechts »Die Herstellung des Nukazuke«)
- Salz

A

Nukadoko, die Grundlage für Nukazuke (*nuka* = Reiskleie; *doko* = Bett)

Die Kleie und das Salz in einer Schüssel mischen. Das Wasser zugießen und mit der (sauberen) Hand verrühren **(A)**. Mit der Hand den Sojajoghurt einrühren, der durch seine pflanzlichen Milchsäurebakterien die Fermentation beschleunigt. Das Nukadoko in ein sterilisiertes Gefäß mit Deckel geben. Kombu-Stücke, Chili und getrocknete Shiitake hineinlegen, sodass sie von Nukadoko bedeckt sind. (Kombu und Shiitake geben dem Nukadoko Umami; die Chili wirkt antiseptisch und antioxidativ und verhindert das Wachstum schlechter Bakterien.) Den gut verschlossenen Behälter bei Zimmertemperatur aufbewahren, vor direkter Sonneneinstrahlung schützen.

Sutezuke, die Fermentation von Nukadoko (*sute* = werfen)

Es dauert 7–10 Tage, bis das Nukadoko fertig ist. Es muss täglich mit einer sauberen Hand umgerührt werden: Den unteren Teil nach oben heben und den oberen Teil zum Boden des Gefäßes absinken lassen. Das ist wichtig, damit ein Gleichgewicht zwischen Milchsäurebakterien und Hefen entsteht.

Während dieser Zeit gibt man für die Fermentation die Teile des Gemüses in das Nukadoko, die man nicht isst, alternativ welkes, gut gewaschenes Gemüse (z. B. ein Kohlblatt und zwei 5 cm lange Stücke vom Brokkolistiel). Das Gemüse in das Nukadoko geben, 2 Tage darin ruhen lassen, dann herausnehmen und durch neue Gemüsestücke ersetzen **(B)**. Diesen Vorgang 7–10 Tage lang wiederholen und nicht vergessen, das Nukadoko jeden Tag umzurühren.

B

Die Herstellung des Nukazuke

Man kann nun fast jedes Gemüse in das Nukadoko geben – nur bitteres oder wässriges Gemüse sollte man vermeiden. Eine halbe Gurke kann hineingegeben werden, sollte aber vorher entkernt werden. Das ausgewählte Gemüse schälen, mit 1 Prise Salz einreiben und in das Nukadoko geben. Im Winter 24 Stunden fermentieren lassen, im Sommer genügen einige Stunden. Dann das Gemüse aus dem Nukadoko nehmen, abwaschen und in mundgerechte Stücke schneiden **(C)**. Neues Gemüse in das Nukadoko legen.

Die Pflege des Nukadoko

Wenn das Nukadoko nach einigen Wochen zu flüssig geworden ist, ein oder zwei Löcher hineinstechen, ein Stück Küchenpapier eintauchen und über Nacht stehen lassen, damit die Flüssigkeit aufgesogen wird. Dann 2–3 EL Reis- oder Haferkleie hinzufügen.

Wenn das Nukazuke nicht salzig genug ist, 1–2 TL Salz unter das Nukadoko mischen. Kombu und Chili sollten etwa monatlich ausgetauscht werden.

Bei längerer Abwesenheit (mehr als 1 Woche) gibt es mehrere Möglichkeiten: Das Nukadoko mitnehmen (das ist kein Witz, meines reist jeden Sommer mit!), eine Vertrauensperson bitten, es täglich zu mischen, oder die Oberfläche mit Salz bedecken und das Nukadoko im Kühlschrank aufbewahren. Das Salz und die oberste Schicht des Nukadoko müssen vor der erneuten Verwendung entfernt werden.

Nukadoko braucht viel Aufmerksamkeit, aber bei guter Pflege verwendet man es jahrelang. In Japan hat jeder Haushalt ein Nukadoko, das von der Frau gepflegt wird. Wenn eine Tochter heiratet und das Haus verlässt, um ihre eigene Familie zu gründen, gibt ihr die Mutter einen Teil ihres Nukadoko, damit sie den Geschmack ihres Hauses weiterführen kann. Es ist eine Art Familienerbstück.

NUKAZUKE MIT HAFERKLEIE

In Japan wird Nukadoko mit Reiskleie angesetzt. Für die Fotos in diesem Buch verwende ich Haferkleie. Im Gegensatz zur selteneren Reiskleie ist sie in jedem Bioladen erhältlich, kostet wenig und funktioniert ausgezeichnet. Nur die Konsistenz ist etwas anders. Mit Reiskleie behält das Nukadoko die Konsistenz von nassem Sand. Mit Haferkleie ist es viel klebriger, und da es mehr Wasser enthält, können sich unerwünschte Bakterien auf ihm ansiedeln. Darum empfehle ich, es in warmen Sommern im Kühlschrank aufzubewahren.

** Unbedingt chlorfreies Wasser verwenden, da Chlor die Fermentation verhindert.*

C

Shiozuke mit Chinakohl

VEGAN

(EINGELEGTER KOHL)

白菜の塩漬け

A

B

1 Chinakohl (mindestens 1 kg)

Salz (3 % des Kohlgewichts, d. h. 30 g Salz auf 1 kg Kohl)

7 g getrockneter Kombu

1 Bio-Yuzu (oder Bergamotte), in dünne Scheiben geschnitten

2 milde Chilis

Den Kohl in zwei Hälften teilen **(A)**. Jede Hälfte in drei Stücke schneiden. Die Kohlstücke 3 Stunden lang in der Sonne trocknen lassen. Dadurch wird der Geschmack des Kohls verstärkt.

Eine Schüssel wählen, in der die Kohlstücke dicht an dicht nebeneinanderliegen können. Das Salz unten am Strunk zwischen die Kohlblätter geben. Den Kohl in die Schüssel legen, 200 ml Wasser zugeben und den Kohl darin wenden, damit er gut befeuchtet wird **(B)**.

C

D

Ein Blatt Backpapier auf den Kohl legen und einen Teller mit einem kleineren Durchmesser auf das Backpapier stellen. Ein Gewicht darauflegen, das 1½-mal so schwer ist wie der Kohl (1,5 kg). Insgesamt 24 Stunden bei Zimmertemperatur stehen lassen, nach 12 Stunden den Kohl einmal wenden. Dabei das ausgetretene Wasser abgießen und den Kohl mit den Händen leicht ausdrücken **(C)**.

Einen kleineren Behälter bereitstellen und die Kohlstücke fest hineindrücken (sie können übereinanderliegen), sodass keine Luft zwischen den Blättern ist. Die Kombu-Blätter und die Zitrusfruchtscheiben zwischen die Stücke stecken. Die Chilischoten darauflegen **(D)**. Mit einem Blatt Backpapier abdecken und ein Gewicht auflegen, das so schwer wie der Kohl ist (1 kg).

Vor dem Verzehr 2 Tage an einem kühlen Ort ruhen lassen, damit sich die Milchsäurebakterien entwickeln können. Dann in ein luftdichtes Gefäß umfüllen und im Kühlschrank aufbewahren. Je länger man Shiozuke aufbewahrt, desto stärker fermentiert es.

Sokuseki-zuke

VEGAN

(SCHNELL EINGELEGTES GEMÜSE)

即席漬け

Spargel mit Shiokōji und Olivenöl

Ergibt 200 g

200 g frischer, grüner Spargel

2 EL Shiokōji (S. 98)

1 EL natives Olivenöl extra

Das untere Drittel des Spargels schälen, falls nötig, und die harten Enden abschneiden. Alle Zutaten in einem luftdichten Behälter mischen und vor dem Verzehr mindestens 30 Minuten im Kühlschrank marinieren lassen.

Karotten mit Kombu und Knoblauch

Ergibt 200 g

200 g Karotten (möglichst verschiedene Farben)

1 EL Sojasauce

1 EL Mirin

1 EL Reisessig

3 g getrockneter Kombu

1 Knoblauchzehe, zerdrückt

Die Karotten schälen und in Stifte schneiden. In einem luftdichten Behälter mit den restlichen Zutaten vermischen. Vor dem Verzehr mindestens 30 Minuten im Kühlschrank marinieren lassen.

Rettich mit süß-salzigem Shiokōji

Ergibt 150 g

150 g Rettich (oder Mairüben)

½ TL Salz

1 EL Shiokōji (S. 98)

½ EL Rohrohrzucker

Den Rettich schälen, der Länge nach halbieren und dann in 7 mm dicke Scheiben schneiden. In eine Schüssel geben, mit Salz bestreuen und umrühren. Den Rettich 30 Minuten beiseitestellen, dann gut abtropfen lassen. Anschließend in einen luftdichten Behälter geben und mit Shiokōji und Zucker mischen. Vor dem Verzehr 15 Minuten im Kühlschrank marinieren lassen.

Rüben mit Kombu und Zitrusfrüchten

Ergibt 200 g

200 g Mairüben (oder rohe Rote Bete)

¼ Bio-Zitrusfrucht (z. B. Zitrone, Bergamotte, Limette, Yuzu)

4 g getrockneter Kombu, in kleine Vierecke geschnitten

2 TL Saft derselben Zitrusfrucht

½ TL Rohrohrzucker

1 TL Salz

Die Rüben schälen. Rüben und Zitrone in möglichst dünne Scheiben hobeln. Alle Zutaten in einem luftdichten Behälter vermischen und vor dem Verzehr mindestens 1 Stunde im Kühlschrank marinieren lassen.

Gurke mit Ingwer

Ergibt 150 g

½ Gurke

2 Prisen Salz

½ Knoblauchzehe, gerieben

1 Stück Ingwer (1,5 cm), in feine Streifen geschnitten

½ TL Salz

1 TL Reisessig

1 TL Sesamöl aus geröstetem Sesam

Die Gurke waschen, der Länge nach halbieren und die Kerne entfernen. Die Gurke mit einem Nudelholz klopfen und dann in mundgerechte Stücke reißen. In einer Schüssel mit dem Salz mischen und 30 Minuten beiseitestellen. Anschließend abtropfen lassen. Die Gurke in einem luftdichten Behälter mit den restlichen Zutaten mischen. Vor dem Verzehr mindestens 30 Minuten im Kühlschrank marinieren lassen.

GUT ZU WISSEN

Das eingelegte Gemüse hält sich im Kühlschrank 3 Tage.

Shiokōji

VEGAN

(FERMENTIERTE WÜRZPASTE)

塩

麹

Ergibt 500 ml

- 170 g getrocknetes Kōji
- 60 g Salz
- 230 ml gefiltertes Wasser

Ein Glas 1 Minute mit kochendem Wasser sterilisieren. Alle Zutaten in das Glas geben, umrühren und das Glas luftdicht verschließen. Bei Zimmertemperatur 7 Tage (im Sommer) oder 10 Tage (im Winter) aufbewahren, dabei einmal täglich mit einem sauberen Löffel umrühren. Shiokōji kann im Kühlschrank bis zu 6 Monate aufbewahrt werden.

TIPP

Diese herzhafte Würze eignet sich für fast alles: zum Marinieren von Gemüse, Fisch, Fleisch (oder Tofu), für Salatdressings, Suppen oder für Sokuseki-zuke (S. 96).

Natto

VEGAN

(FERMENTIERTE SOJABOHNEN)

手作り納豆

Natto wird mit dem Bakterium Bacillus subtilis *zubereitet. Es ist durch seine superklebrige Konsistenz und seinen Geschmack sehr außergewöhnlich – so außergewöhnlich, dass man es entweder hasst oder liebt.*

200 g ganze gelbe Sojabohnen

Methode A

2 EL Natto (gekauft oder selbst gemacht)

Methode B

2 gute Handvoll Kräuter (Bio) oder essbare Blätter (z. B. Rosmarin, Minze, Petersilie, Koriander, Sauerampfer, Bambusblätter, Wein- oder Feigenblätter – sie beschleunigen die Fermentation durch die Bakterien, die sich auf den Blättern befinden)

Utensilien

1 kleine Schüssel (Methode A)

1 Emaille- oder Glasschüssel (15 × 18 × 5 cm)

Gummibänder

1 Thermometer

Die Sojabohnen in einer Schüssel mit Wasser waschen. Dabei das Wasser zwei- bis dreimal wechseln, bis es klar ist. Dann die Sojabohnen in 600 ml Wasser einweichen: 20 Stunden im Winter, 15 Stunden im Frühling und Herbst, 12 Stunden im Sommer. Um zu prüfen, ob die Sojabohnen genügend gequollen sind, eine Bohne in zwei Hälften brechen: Wenn das Innere glatt ist, ist sie fertig. Hat das Innere noch eine leichte Höhlung, die Bohnen weitere 1–2 Stunden einweichen. Am besten abends mit dem Einweichen beginnen, damit man am nächsten Tag den Beginn der Fermentation beobachten kann.

Die Sojabohnen abtropfen lassen und im Dampf garen. **Im Schnellkochtopf:** Wasser hinzufügen, bei mittlerer bis starker Hitze zum Kochen bringen; ab dem Zischen 20–25 Minuten bei schwacher Hitze kochen. Vom Herd nehmen und den Druck auf natürliche Weise absinken lassen, bevor der Deckel geöffnet wird. **Im Dampfkorb:** 1½–2 Stunden bei mittlerer bis schwacher Hitze garen.

Garprobe: Wenn sich die Bohnen leicht zwischen den Fingern zerdrücken lassen, sind sie gar, anderenfalls müssen sie länger gedämpft werden. Die Bohnen werden bei der Herstellung von Natto wieder härter, daher sollten sie wirklich weich gegart werden. Abgießen und abtropfen lassen.

Während die Bohnen kochen, eine kleine Schüssel (für Methode A), das Aufbewahrungsgefäß und einen Teelöffel 2 Minuten in einem Topf mit Wasser auskochen, um sie zu sterilisieren. Anschließend trocknen lassen.

Methode A

In der kleinen sterilisierten Schüssel 2 EL Natto mit 50 ml kochendem Wasser verrühren. Die heißen Sojabohnen in das sterilisierte Gefäß geben (Hitze tötet unerwünschte Bakterien ab, jedoch nicht *Bacillus subtilis*). Das Natto unterrühren. Das Gefäß mit Küchenpapier abdecken, das mit einem Gummiring befestigt wird. Fermentieren lassen (siehe unten). Anschließend umrühren.

Methode B

Kräuter oder Blätter in eine Schüssel geben und mit kochendem Wasser bedecken, um sie zu desinfizieren, dann abtropfen lassen. Die Hälfte davon auf den Boden des sterilisierten Gefäßes geben und die gekochten, noch warmen Sojabohnen hinzufügen. Mit den restlichen Kräutern oder Blättern bedecken. Das Gefäß mit Küchenpapier abdecken, das mit einem Gummiring befestigt wird. Fermentieren lassen (siehe unten). Anschließend umrühren.

Die Fermentation

Das Natto 18–24 Stunden bei 40–45 °C ruhen lassen. * Nach der Fermentation sind die Körner mit einem weißen Film überzogen, und man sieht beim Mischen klebrige Fäden zwischen den Körnern. Nun die Kräuter und Blätter entfernen (Methode B). Das Natto vor dem Verzehr 2 Tage im Kühlschrank reifen lassen.

Mit fein gehacktem weißem Lauch und Sojasauce oder Mentsuyu (S. 14) genießen. 2 EL Natto in ein kleines Gefäß geben, mit Frischhaltefolie abdecken und für die nächste Zubereitung aufbewahren.

TIPPS

* Ein Joghurtbereiter ist für die Fermentation perfekt geeignet. Alternativ machen Sie es wie ich: Stellen Sie das Gefäß mit dem Natto auf eine Wärmflasche mit 60 °C heißem Wasser, die in ein Handtuch gewickelt ist, und packen Sie das Ganze zusammen mit einem Thermometer in eine große Kühltasche, die Sie dann verschließen. Im Frühling und Sommer stelle ich sie an ein Fenster mit Sonneneinstrahlung, im Winter an eine Heizung und bedecke die Tasche mit einem großen Handtuch. Ab und zu die Temperatur überprüfen und das Wasser in der Wärmflasche wechseln, wenn es auf unter 40 °C abkühlt. In den ersten Stunden muss man besonders auf die Gärtemperatur achten. Ich beobachte das Natto tagsüber genau und wechsele dann vor dem Schlafengehen das Wasser in der Wärmflasche, um ruhig schlafen zu können.

–

Anstelle von Sojabohnen können Sie Kichererbsen verwenden. Deren Garzeit ist deutlich kürzer als die von Sojabohnen.

Miso

VEGAN

味噌

Was ist Miso?

Miso ist eine Sojabohnenpaste, die mithilfe eines Pilzes, Kōji, fermentiert wird. Miso gab es schon vor der Sojasauce. Es ist für die japanische Küche unverzichtbar.

Warum ist Miso gesund?

Ein Sprichwort lautet *miso ha isha irazu* – »Miso hält den Arzt fern«. Miso ist gut für die Darmflora. Es enthält viele essenzielle Aminosäuren, die den Körper mit hochwertigen Proteinen versorgen. Es soll dazu beitragen, den Cholesterinspiegel zu senken, und man sagt ihm eine vorbeugende Wirkung gegen bestimmte Krebsarten und Herz-Kreislauf-Erkrankungen nach.

Welches Miso sollte ich kaufen?

Bevorzugen Sie Miso, das mit Salz zubereitet wird und nach den echten Fermentationsschritten mit gentechnikfreien Sojabohnen hergestellt wird. Die einzigen Zutaten, die es enthalten darf, sind Sojabohnen, Kōji (oder *Aspergillus oryzae*), Salz und Weizen oder Gerste. Lesen Sie die Liste der Inhaltsstoffe: Geschmacksverstärker, Farb- oder Konservierungsstoffe sollten nicht enthalten sein.

Es gibt verschiedene Arten von Kōji, die zur Herstellung verschiedener Miso-Arten verwendet werden: Reis-Kōji (Kome miso), Weizen-Kōji (Mugi miso) oder Sojabohnen-Kōji (Mame miso). Miso kann auch mit einer Mischung verschiedener Kōji hergestellt werden (Awase miso). Der Geschmack von Miso hängt vom Kōji-Anteil und der Fermentationsdauer ab: Je höher der Kōji-Anteil und je kürzer die Fermentation, desto milder ist der Geschmack. Je heller das Miso ist, desto süßer und fruchtiger ist sein Geschmack. Je dunkler es ist, desto länger wurde es fermentiert, desto ausgeprägter ist sein Geschmack und oft auch sein Salzgehalt, da das Salz eine lange Fermentation ermöglicht.

Die verschiedenen Miso-Sorten

Schwarzes Miso (1) (Hatcho miso oder Mame miso): reines Soja-Miso mit sehr langer Fermentation. Sein Geschmack ist eigenwillig und sehr kräftig, sein Salzgehalt ist jedoch nicht sehr hoch.

Rotes Miso (2) (Aka miso): Sein Geschmack ist ausgeprägter und salziger als der von weißem Miso.

Braunes oder blasses Miso (Tanshoku miso): Sein Geschmack ist eher neutral, es ist am einfachsten in der Küche zu verwenden. (Das Foto zeigt Reis-Miso (3) und Kichererbsen-Miso (4) vom französischen Hersteller Sanga. Ich habe in Japan noch nie Miso aus Kichererbsen gesehen, aber es schmeckt sehr gut!)

Helles oder gelbes Miso (5) (Shiro miso): Es ist das mildeste und fruchtigste Miso.

Wo kann man es kaufen?

Heutzutage gibt es in vielen westeuropäischen Ländern Hersteller von Qualitäts-Miso wie beispielsweise Sanga (siehe Reportage S. 107 und Adressen S. 264). Qualitativ hochwertiges Miso finden Sie auch in Bioläden, in japanischen Lebensmittelgeschäften und online.

Die meisten Menschen kaufen ihr Miso fertig, aber die Zahl derer, die es selbst herstellen, nimmt zu. Es ist ziemlich einfach, man braucht nur wenige Zutaten (siehe Schritt-für-Schritt-Anleitung auf S. 108), und es schmeckt viel besser als gekaufte Produkte.

1
2
3
4
5

Misosuppen

味
噌
汁

発
酵

保
存
食

ROTES MISO ODER MAME MISO
(FÜR 4 PERSONEN)

Venusmuscheln

1 TL Salz

200 g Venusmuscheln

700 ml Dashi (S. 166)

2½ EL rotes Miso oder Mame miso

Das Salz in 200 ml Wasser auflösen und die Venusmuscheln 2–3 Stunden hineinlegen, um Reste von Sand zu entfernen. Danach waschen. Mit der Dashi in einen Topf geben und bei schwacher Hitze zum Kochen bringen. Falls nötig, den Schaum entfernen. Wenn alle Muscheln geöffnet sind, den Herd ausschalten und das Miso zugeben.

Natto

700 ml Dashi (S. 166; oder vegane Dashi, S.122)

4 EL Natto (S. 100)

3 EL rotes Miso oder Mame miso

1 Frühlingszwiebel, in dünne Ringe geschnitten

Die Dashi in einem Topf bei mittlerer Hitze zum Kochen bringen. Den Herd ausschalten. Natto und Miso zur Dashi geben und umrühren. Die Frühlingszwiebel hinzufügen. Man kann auch feste Tofuwürfel oder einige Pilze zugeben. Der starke Geruch und die Klebrigkeit von Natto verschwinden in der Misosuppe. Daher eignet sie sich gut für »Natto-Anfänger«. Köstlich ist sie sowieso.

Nicht vegane Dashi siehe S. 166
Vegane Dashi siehe S. 122

BRAUNES MISO
(FÜR 4 PERSONEN)

Gebratenes Gemüse

80 g Rettich (schwarz, weiß)

⅓ Karotte

¼ Zwiebel

½ kleine Zucchini

60 g Topinambur (oder Kartoffel)

60 g Pilze

1 EL Pflanzenöl

1 Stück Ingwer (1,5 cm), in Scheiben geschnitten

700 ml Dashi (S. 166; oder vegane Dashi, S.122)

3 EL braunes Miso

Das Gemüse schälen und in mundgerechte Stücke schneiden. Das Öl mit dem Ingwer in einen Topf geben und erhitzen. Das Gemüse zugeben und bei mittlerer Hitze 1 Minute anbraten. Die Dashi zugießen und 5 Minuten köcheln lassen, bis das Gemüse weich ist. Dann vom Herd nehmen und das Miso unterrühren.

Kalte Misosuppe

¼ Gurke, in hauchdünne Scheiben geschnitten

1 Prise Salz

8 Kirschtomaten, halbiert

3 EL braunes Miso

700 ml Dashi (S. 166; oder vegane Dashi, S.122), abgekühlt oder kühl aufbewahrt

2 Shiso-Blätter, fein gehackt (nach Belieben)

Die Gurke mit dem Salz bestreuen und 15 Minuten beiseitestellen, dann mit den Händen ausdrücken. Gurke und Tomaten auf Schüsseln verteilen. Miso mit der kalten Dashi verrühren, in die Schalen gießen und nach Belieben mit Shiso bestreuen.

HELLES MISO
(FÜR 4 PERSONEN)

Mairüben

4 kleine ganze Mairüben (mit Blättern)

750 ml Dashi (S. 166; oder vegane Dashi, S.122)

½ TL Sojasauce

3 EL helles Miso

4 kleine Stücke Schale von 1 Bio-Yuzu (oder Bergamotte)

Die Rüben schälen und die Blätter waschen. Die Blätter 1 Minute in kochendem Wasser blanchieren, dann abtropfen lassen, dabei mit den Händen ausdrücken. In 3 cm große Stücke schneiden. Dashi mit Rüben und Sojasauce zum Kochen bringen und köcheln lassen, bis die Rüben weich sind. Den Herd ausschalten und das Miso unterrühren. Die Rüben und die Blätter in vier Schüsseln geben. Mit der Suppe aufgießen und mit Zitrusschale garnieren.

Seidentofu

60 g Wakame, nach Packungsangabe eingeweicht

700 ml Dashi (S. 166; oder vegane Dashi, S.122)

3 EL helles Miso

150 g Seidentofu

Chilipulver (oder Shichimi, japanische Mischung aus 7 Gewürzen)

Die Wakame in mundgerechte Stücke schneiden. Die Dashi zum Kochen bringen und die Wakame zugeben. Den Herd ausschalten und das Miso unterrühren. Den Seidentofu mit einem Löffel auf vier Schalen verteilen. Vorsichtig mit der heißen Suppe aufgießen und mit etwas Chilipulver oder Shichimi bestreuen.

Sanga

さんが

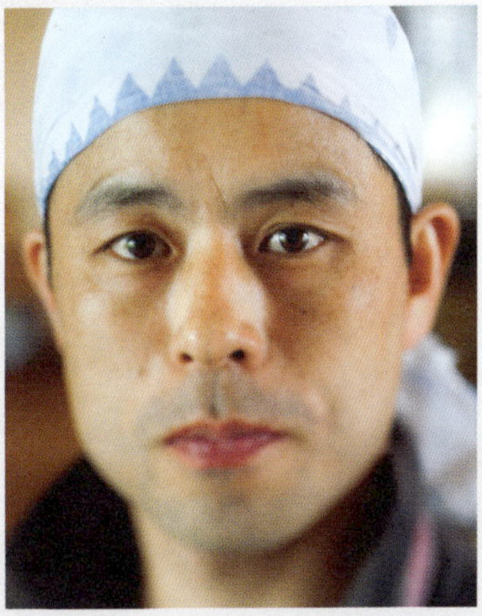

Ich habe viele Leute von Sanga reden hören: professionelle Köche, Liebhaber der japanischen Küche oder japanische Freunde. »Hast du noch nie Miso von Sanga probiert? Du wirst es lieben!«, sagten sie mir. Ich hatte es tatsächlich nie probiert, weil ich mein Miso immer aus Japan mitbrachte.

Nach der Geburt meiner Tochter haben sich meine Essensgewohnheiten stark verändert. Vorher habe ich einfach nur gekocht, worauf ich Lust hatte: Scharf, zu fett, nur eine Zutat – alles war möglich! Aber meiner Kleinen wollte ich jeden Tag gesunde Mahlzeiten auf den Tisch stellen. Also habe ich begonnen, jeden Morgen eine Misosuppe mit viel Gemüse zu kochen. Diese Suppe ist ein perfekt ausgewogenes Gericht, und das Miso steuert gesunde Enzyme, Milchsäurebakterien und gute Proteine bei. Außerdem (und das ist mir sehr wichtig) schmeckt sie einfach sehr gut! Aber nun reichte die kleine Menge Miso, die ich aus Japan mitbrachte, natürlich nicht mehr aus. So kam es, dass auch ich schließlich das Miso von Sanga probierte ... Und ich bereute sofort, es nicht früher kennengelernt zu haben. Ihr Miso ist tatsächlich großartig, und es wird in Frankreich hergestellt.

Das Miso von Sanga ist sehr fruchtig. Es ist so frisch und »lebendig«, dass man die hochwertigen Zutaten wirklich herausschmeckt. Man kann schmecken, dass dieses Miso in Bioqualität mit traditionellen Fermentierungsmethoden hergestellt wird – sogar den Kōji kultiviert Sanga selbst. Für meine Familie und mich ist ein gutes Miso wie ein Medikament, das uns täglich Gesundheit und Glück beschert. Seit dieser Erfahrung suche ich gezielt nach französischen Firmen, die japanische Produkte herstellen. Ich hatte immer gedacht, dass die Qualität der in Japan hergestellten japanischen Produkte unschlagbar sei. Aber das war ein Irrtum! Manche Produkte, die hier in Frankreich hergestellt werden, sind besser!

Miso selbst machen

VEGAN

手作り味噌

A

B

Ergibt 2,5 kg Miso

500 g ganze gelbe Sojabohnen

500 g trockenes Kōji aus Reis *

200 g Salz, plus ca. 500 g zum Beschweren

** Kōji ist eine Kultur des »Edelschimmelpilzes«* Aspergillus oryzae, *der auf Getreide wie Reis, Gerste oder Soja wächst und die Fermentation von Lebensmitteln ermöglicht, um z. B. Miso, Shoyu, Sake und Mirin herzustellen. Es ist in der japanischen Küche unverzichtbar und wird heute auch im Internet angeboten. Wer lange Transportwege vermeiden will, findet bei regionalen Herstellern auch biologischen Kōji.*

Einen Behälter mit 3,5 l Volumen zum Fermentieren der Sojabohnen mit Alkohol desinfizieren. Der Behälter kann aus Keramik, Metall, Glas oder Kunststoff sein.

Die Sojabohnen in einer Schüssel mit Wasser waschen, dabei zwischen den Händen reiben. Das Wasser zwei- bis dreimal wechseln, bis es sauber und klar ist. Dann die Sojabohnen in 1,5 l Wasser einweichen: 20 Stunden im Winter, 15 Stunden im Frühling und Herbst, 12 Stunden im Sommer. Um zu prüfen, ob die Sojabohnen genügend gequollen sind, eine Bohne in zwei Hälften brechen: Wenn das Innere glatt ist, ist sie fertig. Hat das Innere noch eine leichte Höhlung, die Bohnen weitere 1–2 Stunden einweichen. Abtropfen lassen, in einen Topf oder Schnellkochtopf geben und 1 cm hoch mit Wasser bedecken.

Garen im Schnellkochtopf: Den Topf nur bis zu Maximalhöhe füllen, gegebenenfalls die Bohnen in mehreren Portionen garen. Bei mittlerer bis starker Hitze zum Kochen bringen; ab dem Zischen 20–25 Minuten bei schwacher Hitze garen. Vom Herd nehmen und den Druck natürlich absinken lassen. Erst dann den Deckel öffnen.

Garen im Topf: 1½–2 Stunden bei mittlerer Hitze garen.

C

D

Bei Bedarf Wasser nachgießen. Die Bohnen müssen immer mit Wasser bedeckt sein.

Garprobe: Wenn sich die Bohnen leicht zwischen den Fingern zerdrücken lassen, sind sie gar **(A)**. Andernfalls weitergaren, bis die Bohnen weich sind. Abtropfen lassen, dabei etwas Kochwasser in einer Schüssel aufbewahren und abkühlen lassen.

Die Bohnen in der Küchenmaschine zu einer glatten Paste mixen **(B)** oder in einen Beutel geben und mit einer Weinflasche oder mit den Füßen zerdrücken.

Kōji und Salz mischen, die zerdrückten Sojabohnen hinzufügen und mit sauberen Händen kneten, bis eine homogene Masse entsteht **(C)**. Wenn der Teig trocken oder bröselig ist, etwas Kochwasser unterarbeiten. Die ideale Konsistenz ist »so glatt wie ein Ohrläppchen«.

Die Teigmenge abwiegen und so viel Salz in einen Beutel füllen, dass das Gewicht 30 % des Gewichts der Teigmenge entspricht. Aus einer guten Handvoll Teig eine große, kompakte Kugel formen (etwa so groß wie eine Orange) und mit Schwung auf den Boden des vorbereiteten Behälters werfen. Mit der Faust zusammendrücken, um Lufteinschlüsse zu beseitigen, denn sie könnten Schimmelbildung begünstigen. Den Vorgang mit dem restlichen Teig wiederholen.

Den Teig glätten und Frischhaltefolie direkt auf die Oberfläche legen. Sie muss ganzflächig Kontakt haben. Nun den Beutel mit Salz zum Beschweren auflegen und den Deckel des Behälters schließen. Bei Zimmertemperatur – nicht zu feucht, nicht zu heiß, nicht zu kühl und vor Licht geschützt – aufbewahren.

Monatlich prüfen, ob sich Schimmel bildet. Wenn das der Fall ist, die Schimmelschicht entfernen, die Stelle mit Salz bestreuen und wieder abdecken. Nach 3 Monaten das Miso wenden (Unterseite nach oben), erneut beschweren und abdecken. Weitere 6 Monate fermentieren lassen, dann probieren **(D)**.

TIPPS

Anstelle der Sojabohnen können Sie auch Kichererbsen verwenden. Die Kochzeit ist deutlich kürzer, und das Miso schmeckt genauso gut.

Gedünstete Makrelenfilets

MIT MISO

鯖の味噌煮

Für 4 Personen
Vorbereitung: 10 Min.
Garzeit: 20 Min.

½ große gelbe Paprika

1 Lauchstange

500 g fleischige Makelenfilets

50 ml Sake

1 EL Sojasauce

2 EL Mirin

1½ EL Rohrohrzucker

1 Stück Ingwer (4 mm), in 2 dünne Scheiben geschnitten

3 EL braunes oder rotes Miso

Zum Garnieren

3 cm vom hellen Teil einer Lauchstange

1 Prise Chilipulver (nach Belieben)

Für die Garnierung den hellen Teil der Lauchstange in sehr feine Streifen schneiden, für 15 Minuten in eine Schüssel mit Wasser legen, dann gut abtropfen lassen.

Das Gemüse putzen und waschen. Die Paprika in Achtel schneiden und die Kerne entfernen. Den Lauch in 3 cm lange Stücke schneiden. Die Makrelenfilets quer halbieren und die Haut leicht kreuzweise einschneiden, damit sie gleichmäßig garen. In eine ausreichend große Pfanne oder einen Topf Sake, 350 ml Wasser, Sojasauce, Mirin, Zucker und Ingwerscheiben geben. Zum Kochen bringen. Die Makrelen nebeneinander mit der Hautseite nach oben in den Topf legen, dann Lauch und Paprika dazugeben. Abdecken und 10 Minuten bei mittlerer Hitze köcheln lassen. Einige Löffel des Kochsuds in eine Schüssel geben, das Miso darin auflösen, dann in den Topf gießen und alles weitere 5 Minuten abgedeckt garen. Den Deckel abnehmen und 2–4 Minuten köcheln lassen, bis die Flüssigkeit etwas eingekocht ist.

Mit den feinen Lauchstreifen und rotem Chilipulver garnieren und servieren.

Dengaku

VEGAN

(GEMÜSESPIESSE MIT MISO-SAUCE)

田

楽

Für 4 Personen
Vorbereitung: 25 Min.
Garzeit: 1 Std.

Dengaku-Sauce

3 EL rotes oder braunes Miso

2½ EL Rohrohrzucker

3 EL Mirin

5 g Walnusskerne, gehackt

Gemüsespieße

2 kleine Karotten

160 g Daikon (oder Radieschen, weiß und violett oder nur eine Sorte)

2 Knollen Topinambur

4 kleine Mairüben (ca. 200 g)

1 TL roher japanischer Reis

Brühe

5 g getrockneter Kombu

2 Prisen Salz

Zum Garnieren

5 g Walnusskerne, gehackt

Schale von ¼ Bio-Yuzu (oder Bergamotte), in feine Streifen geschnitten

4 Halme Schnittlauch, fein gehackt

Für die Dengaku-Sauce Miso, Zucker, Mirin und 2 EL Wasser in einem kleinen Topf verrühren. Unter ständigem Rühren zum Kochen bringen und köcheln lassen, bis die Mischung eindickt. Den Herd ausschalten und die Walnüsse unterrühren.

Für die Gemüsespieße das gesamte Gemüse schälen. Die Karotten der Länge nach halbieren. Den Daikon in etwa 3,5 cm dicke Scheiben schneiden und diese der Länge nach in vier oder sechs Stifte teilen. Die Kanten von Topinambur, Karotten und Daikon leicht abrunden, damit sie während des Kochens nicht brechen.

Rüben, Daikon und japanischen Reis in einen Topf mit Wasser geben. Zum Kochen bringen und 30 Minuten kochen. Anschließend abgießen und abtropfen lassen.

Alle Gemüsestücke auf Schaschlikspieße stecken.

Die Brühe in einem großen Topf zubereiten: Kombu und Salz hineingeben, die Spieße hineinlegen und so viel Wasser hinzugießen, dass die Spieße bedeckt sind. Abgedeckt 30 Minuten köcheln lassen.

Zum Servieren die Sauce in ein Schälchen und die Zutaten zum Garnieren auf kleine Teller geben. Den Topf mit den Gemüsespießen in die Mitte des Tisches stellen.

TIPP

Der Reis, der bei den Gemüsespießen dem Kochwasser zugegeben wird, nimmt ihnen die Bitterkeit.

Spaghetti

VEGAN

MIT AUBERGINE, PAPRIKA UND MISO-SAUCE

茄子味噌スパゲッティー

Für 4 Personen
Vorbereitung: 20 Min.
Garzeit: 20 Min.

- 1 Zwiebel
- 1 Aubergine
- 1 grüne Paprika
- 2 EL natives Olivenöl extra
- 1 Knoblauchzehe, gehackt
- 1 Stück Ingwer (2,5 cm), fein gehackt
- Pfeffer
- Salz
- 360 g Spaghetti
- 120 g Natto (nach Belieben; S. 100)

Sauce

- 4–5 EL rotes Miso
- 5 EL Mirin
- 2 TL Rohrohrzucker
- 1 EL Sojasauce

Zum Garnieren

- Koriandergrün
- 1 frische rote Chili, in dünne Ringe geschnitten
- Pfeffer

Die Zwiebel schälen und in 2,5 cm dicke Ringe schneiden. Die Aubergine der Länge nach vierteln und in 7 mm dicke Scheiben schneiden. Die Paprikaschote halbieren, entkernen und in 2,5 cm breite Streifen schneiden, diese Scheiben dann der Länge nach halbieren.

Alle Zutaten für die Sauce in einer Schüssel verrühren. Beiseitestellen.

Das Olivenöl in einer Pfanne erhitzen, Knoblauch und Ingwer hineingeben, dann Aubergine und Zwiebel hinzufügen. Mit Pfeffer würzen und braten, bis das Gemüse gerade bissfest gegart ist. Zur Seite stellen.

In einem großen Topf Salzwasser zum Kochen bringen und die Spaghetti darin al dente kochen. Abgießen und in die Pfanne mit dem gebratenen Gemüse geben. Erhitzen, die Sauce dazugeben und gut umrühren, abschmecken und bei Bedarf nachsalzen.

Den Herd ausschalten und nach Belieben Natto dazugeben. Auf vier Teller verteilen. Mit Koriandergrün und Chiliringen bestreuen und mit Pfeffer würzen.

Dieses Rezept habe ich als Kind geliebt. Meine Mutter kochte dieses Gericht oft, und die Mischung aus Miso und Olivenöl gefällt mir noch heute. Früher kannte man in Japan nur zwei Pastarezepte: Bolognese und Napoli (mit Ketchup). Aber in den späten 1980er-Jahren erlebte die italienische Küche einen Boom, die Zutaten waren zunehmend in Japan erhältlich und neue Pastarezepte fanden Eingang in die Alltagsküche. Ich weiß nicht, woher meine Mutter dieses Rezept kannte, aber es ist eines meiner liebsten Nudelrezepte. Wenn Sie Natto (S. 100) mögen, verwenden Sie es auch hier. Es schmeckt sagenhaft gut!

Kirschblüten mit Salz

VEGAN

桜の塩漬け

Ergibt 1 kleines Einmachglas (250 ml)

150 g Kirschblüten

45 g Salz (oder 30 % des Blütengewichts), plus reichlich Salz zum Konservieren

3–4 EL Zitronensaft

Die Kirschblüten in einer Schüssel mit Wasser sanft waschen. Zwischen zwei saubere Tücher legen und vorsichtig trocken tupfen. Den Boden einer Dose mit einem Teil der Blüten auslegen, die Blüten mit Salz bestreuen und mit Zitronensaft beträufeln. Eine weitere Schicht Blüten einfüllen, wieder Salz und Zitronensaft zugeben. Diesen Vorgang wiederholen, bis Blüten, Salz und Zitronensaft verbraucht sind. Backpapier oder Frischhaltefolie direkt auf die Blüten legen, um sie vollständig abzudecken. Einen Deckel auflegen, der etwas kleiner als die Dose ist, sodass er direkt auf dem Papier liegt. Ein Gewicht von etwa 100 g (z. B. ein mit Wasser gefülltes Glas) auf den Deckel stellen und die Kirschblüten 3–4 Tage im Kühlschrank ruhen lassen.

Die Blüten nebeneinander auf *zaru*-Körbchen oder Küchenpapier ausbreiten. Sie dürfen nicht aufeinanderliegen. An einem kühlen, dunklen Ort 2 Tage trocknen lassen – die Blüten sollten etwas feucht bleiben. Den Saft, der in der Dose zurückbleibt, auffangen und anderweitig verwenden: Er ist wie Kirschblütenessig.

Den Boden eines Einmachglases mit den getrockneten Blüten auslegen, eine Schicht Salz darübergeben. Dann eine weitere Schicht Blüten einlegen und so lange Salz und Blüten abwechselnd schichten, bis die Blüten aufgebraucht sind. Mit einer großzügigen Salzschicht abschließen. Die Blüten halten sich im verschlossenen Glas bei Zimmertemperatur ein Jahr lang, also bis zur nächsten Kirschblüte!

Verwenden Sie Blüten, die nur zu 70–80 % geöffnet sind. Vor dem Verwenden die Blüten vorsichtig in einer Schüssel abwaschen, um das Salz zu entfernen, und behutsam abtupfen. (Um das Salz gründlich zu entfernen, die Blüten für 2–3 Minuten in Wasser legen.)

Kirschblüten werden als Beilage (Chirashi-zushi S. 64, Bento mit Fleisch S. 196), in Getränken (Einfache Cocktails S. 216) oder Desserts (Kohakutō S. 246) verwendet. So kann man das ganze Jahr über den Duft des Frühlings genießen.

野菜

GEMÜSE

Yasai

やさい

Schon längere Zeit hatte ich davon geträumt, die japanische Bio-Gemüsefarm Yasai in der Touraine zu besuchen und die Produzentin Anna Shoji persönlich zu treffen. Ich folgte ihrem Instagram-Account und sah das wunderschöne Gemüse und ihre Tochter, die mit den Hühnern und Ziegen spielte. Als ich mit der Arbeit an diesem Buch begann, musste ich sofort an sie denken.
Ich besuchte sie an einem warmen Sommertag. Unter einem blauen Himmel mit Sommerwölkchen – ganz wie in Japan – führte uns Anna durch den Betrieb. Dann aßen wir frische Sōmen-Nudeln (S. 34) mit viel Gemüse, das sie vor unseren Augen mit geübtem Griff geerntet hatte. Annas japanische Rüben waren extrem saftig und süß, die japanischen Gurken sehr knackig. Die Edamame waren noch recht klein, denn die Saison begann gerade erst, aber die Bohnen schmeckten einfach himmlisch. Ich liebe auch die fleischigen Blätter des Tsuru-Murasaki, hatte ihn aber in Frankreich noch nie gefunden. Der Shiso duftete herrlich, und es gab sogar Gobō, die japanische Schwarzwurzel. Alles schmeckte so authentisch japanisch, und dabei waren wir doch in Frankreich!
Annas Geschichte begann, als sie in Algerien als Dolmetscherin und Koordinatorin an einem Autobahnbauprojekt arbeitete. Sie fing an, in ihrem Garten für sich selbst japanisches Gemüse anzubauen. Es machte ihr große Freude, das Gemüse, das sie aus ihrer Heimat kannte, selbst anzupflanzen und in ihrer Küche zu verarbeiten. Sie gab ihre Arbeit auf und zog nach Frankreich, um den Franzosen den wahren Geschmack von japanischem Gemüse näherzubringen. Heute wird das Gemüse der Farm Yasai von Fachleuten ebenso geschätzt wie von Privatleuten, und die Produktion entwickelt sich stetig weiter. In diesem Jahr hat Anna wieder Lotuswurzeln in ihren See gepflanzt. Es ist das dritte Jahr, in dem sie es versucht. Ich kann es kaum erwarten, sie zu probieren!

Dashi shojin

VEGAN

(VEGANE DASHI)

精進だし

Ergibt 1 l
Vorbereitung: 3 Min.
Ruhezeit: 2 Std.–1 Nacht

10 g getrocknete Shiitake

5 g getrockneter Kombu

1 l gefiltertes Wasser

Kombu und Shiitake einweichen. Dafür gibt es zwei Methoden.

Methode 1: Shiitake und Kombu in ein Glas geben und mit kochendem Wasser übergießen. Den Deckel schließen und die Dashi mindestens 2 Stunden ziehen lassen.

Methode 2: Shiitake und Kombu in ein Glas geben und mit kaltem Wasser übergießen. Den Deckel schließen und die Dashi über Nacht ziehen lassen.

Dashi shojin hält sich im Kühlschrank 3 Tage (dabei können Sie Kombu und Shiitake im Glas lassen) und im Gefrierschrank 1 Monat (in diesem Fall die Zutaten vor dem Einfrieren entfernen).

Die Brühe ist sehr einfach zuzubereiten. Damit ich immer etwas auf Vorrat habe, bereite ich alle drei bis vier Tage eine Dashi shojin zu. Sie ist die Grundlage für die tägliche vegane Küche und eine hervorragende Quelle für Vitamin D und Mineralstoffe. Ich finde es sehr beruhigend, diese Dashi immer im Kühlschrank zu haben. So kann ich meiner kleinen Tochter jederzeit schnell eine leckere Misosuppe kochen.

TIPPS

Ich weiche Kombu und Shiitake lieber in kaltem Wasser ein, weil dadurch ihr Geschmack mehr Zeit hat, sich zu entfalten.

–

Wenn Sie den restlichen Kombu verwenden möchten, lesen Sie die Rezepte für Furikake (S. 167) und das eingelegte Gemüse (S. 96). Shiitake können in vielen Rezepten verwendet werden (Gyoza-Füllung S. 40, Füllungen für Teigtaschen S. 50), und sie eignen sich auch gut als Ersatz für frische Pilze.

Gomadofu

VEGAN

(SESAMTOFU)

胡麻豆腐

Für 4 Personen
Vorbereitung: 10 Min.
Ruhezeit: 4–12 Std.
Garzeit: 10 Min.

5 g getrockneter Kombu

50 g Kuzu-Pulver

50 g helle oder schwarze Sesampaste

1 Prise Salz

Zum Garnieren

Sojasauce

Wasabi

Ingwer, gerieben

Sesamkörner

Rucolablüten

Den Kombu mindestens 3 Stunden (besser über Nacht) in 400 ml Wasser einweichen. Aus dem Wasser nehmen. Das Kuzu-Pulver in das Einweichwasser des Kombu geben und mit einem Schneebesen verrühren, bis das Pulver sich vollständig aufgelöst hat. Die Sesampaste hinzufügen und ebenfalls verrühren. Das Salz hinzugeben und umrühren.

Den Boden einer eckigen Backform (12 × 18 cm) anfeuchten. Notfalls tut es auch eine Schachtel.

Die Mischung in einem kleinen Topf bei mittlerer bis schwacher Hitze erwärmen. Mit einem Spatel ständig über den Boden rühren. Wenn die Mischung eindickt und man beim Rühren den Boden des Topfes zu sehen beginnt, die Temperatur auf schwache Hitze herunterschalten. Etwa 5 Minuten lang weiterrühren und dabei große Kreise auf den Boden ziehen.

Die Mischung in die feuchte Form gießen und die Oberfläche glätten. Das Blech anheben und mehrmals hart auf die Arbeitsfläche stoßen, um Lufteinschlüsse zu entfernen. Auf Zimmertemperatur abkühlen lassen, dann die Oberfläche mit Backpapier oder Frischhaltefolie abdecken und den Gomadofu vor dem Verzehr für 1 Stunde in den Kühlschrank stellen. Mit etwas Sojasauce beträufeln und nach Belieben garnieren.

TIPP

Kuzu ist in Bioläden oder japanischen Lebensmittelgeschäften erhältlich. Notfalls kann man es auch durch Maisstärke oder Pfeilwurzelmehl ersetzen, aber Kuzu schmeckt natürlich sehr viel besser.

Kinpira

(GEBRATENES GEMÜSE AUF JAPANISCHE ART)

金平

野菜

Für 4 Personen

Grüne Paprika kinpira VEGAN

1 grüne Paprika

1 EL Rapsöl

1 Prise Salz

1 EL Sojasauce

1 Nori-Blatt, grob in Stücke gezupft

Die Paprikaschote halbieren und die Kerne entfernen, dann jede Hälfte in acht Streifen schneiden. Die Paprikastücke mit der Hautseite nach unten in einen Topf legen. Mit Öl beträufeln und salzen, abdecken und 3 Minuten bei mittlerer Hitze braten. Die Paprika umdrehen, die Sojasauce hinzufügen und 5 Minuten ohne Deckel kochen, bis die Paprika weich ist. Den Herd ausschalten und das Gemüse mit Nori bestreuen.

Karotte kinpira VEGAN

1 Karotte (90 g)

2 TL Sesamöl aus geröstetem Sesam

1 EL Mirin

1 TL Sojasauce

½ TL Salz

Die Karotte schälen und in feine Stifte schneiden. Das Öl in einer Pfanne erhitzen und die Karotte darin 3 Minuten bei mittlerer Hitze braten, bis sie gar, aber noch knackig ist. Die Gewürze hinzufügen und alles 1 weitere Minute braten.

Schwarzwurzel und Shiitake kinpira VEGAN

1 Shiitake

1 große Schwarzwurzel

1 EL Sonnenblumenöl

1 EL Sojasauce

1 EL Mirin

1 TL Reisessig

Den Stiel des Shiitake entfernen und den Pilzkopf in dünne Scheiben schneiden. Die Schwarzwurzel schälen, mit einem Sparschäler in Bänder schneiden und sofort in eine Schüssel mit Wasser legen. 5 Minuten beiseitestellen, dann gut abtropfen lassen. Das Öl in einem Topf erhitzen. Schwarzwurzel und Shiitake 2 Minuten bei mittlerer Hitze braten. Die Gewürze hinzufügen und 1 Minute mitbraten.

Kartoffeln kinpira VEGAN

2 kleine festkochende Kartoffeln

2 Frühlingszwiebeln

1 EL Sonnenblumenöl

½ TL Salz

½ EL Sojasauce

1 EL Reisessig

Die Kartoffeln schälen und in feine Stifte schneiden. In eine Schüssel legen, mit Wasser bedecken und 30 Minuten zur Seite stellen. Abtropfen lassen und mit Küchenpapier abtupfen. Die Frühlingszwiebeln hacken. Das Öl in einer Pfanne erhitzen und die Kartoffeln 1 Minute bei starker Hitze anbraten. Die Gewürze hinzufügen und 1 Minute mitbraten. Die Frühlingszwiebeln zugeben und den Herd ausschalten.

Topinambur und Kombu kinpira VEGAN

2 Knollen Topinambur (180 g)

Kombu von der Zubereitung von Dashi (S. 122)

1 EL Sesamöl aus geröstetem Sesam

1½ EL Mirin

1½ EL Sojasauce

Den Topinambur schälen und in 2–3 mm dünne Scheiben schneiden. Den Kombu in feine Streifen schneiden. Das Öl in einer Pfanne erhitzen. Topinambur und Kombu bei mittlerer Hitze 3 Minuten braten, bis sie gar, aber noch knackig sind. Die Gewürze hinzufügen und alles 1 Minute sautieren.

Sellerie kinpira

2 Stangen Staudensellerie mit Blättern

1 EL Sonnenblumenöl (oder Rapsöl)

1 Prise Salz

1 TL Sojasauce

1 TL Zucker

1 kleine Handvoll Katsuobushi (getrockneter Thunfisch)

Die Selleriestangen putzen und schräg in 3–4 mm dicke Scheiben schneiden. Das Öl in einer Pfanne erhitzen und den Sellerie darin bei mittlerer Hitze 3 Minuten braten, bis er gar, aber noch bissfest ist. Die Gewürze hinzufügen und alles 1 weitere Minute sautieren. Den Katsuobushi zwischen den Händen über der Mischung zerbröseln.

Agebitashi

(FRITTIERTES, MARINIERTES GEMÜSE)

揚げびたし

Für 4 Personen
Vorbereitung: 15 Min.
Marinade: 1–12 Std.
Garzeit: 15 Min.

1 Aubergine
Salz
2 kleine Karotten
12 grüne Bohnen
1 Zucchini
1 kleine rote Paprika
1 kleine gelbe Paprika
4 große Shiitake
Öl zum Frittieren

Marinade
200 ml Mentsuyu (S. 14)
200 ml Reisessig

Die Aubergine in große Stücke schneiden und 5 Minuten in eine Schüssel mit Salzwasser legen. Abtropfen lassen und abtupfen. Die Karotten schälen und der Länge nach halbieren. Das breite Ende der Bohnen entstielen (die kleine Spitze darf dranbleiben). Die Zucchini in 1 cm dicke Scheiben schneiden und die Paprika entkernen und achteln. Die Shiitake halbieren und das Stielende entfernen.

Für die Marinade Mentsuyu und Reisessig in einem großen, luftdicht verschließbaren Gefäß mit 500 ml Wasser vermischen.

In einer Pfanne mit hohem Rand 3 cm Frittieröl auf 170 °C erhitzen. Das gesamte Gemüse in mehreren Portionen darin frittieren, abtropfen lassen und noch heiß mit der Marinade vermischen. Vor dem Verzehr mindestens 1 Stunde durchziehen lassen.

Das Gemüse schmeckt noch besser, wenn es am Vortag zubereitet wird, da es dann über Nacht Zeit hat, den Geschmack der Marinade aufzunehmen.

Mit Reis servieren oder das Gemüse und die Sauce über frische Sōmen-Nudeln (S. 34) geben. Ein schnelles, einfaches Sommergericht! Agebitashi kann im Kühlschrank 3 Tage aufbewahrt werden.

TIPP

Das Einweichen der Aubergine in Salzwasser verhindert, dass sie zu viel Öl aufnimmt.

VEGANE VARIANTE

Ersetzen Sie Mentsuyu durch Mentsuyu shojin (S. 14).

Korokke

VEGAN

(KARTOFFELBÄLLCHEN)

コロッケ

野菜

Für 4 Personen
Vorbereitung: 30 Min.
Garzeit: 30 Min.

600 g Kartoffeln
½ große Zwiebel
60 g Shiitake (oder andere Pilze)
1 EL natives Olivenöl extra
1 Stück Ingwer (2,5 cm), fein gehackt

Würze A
1 TL Sojasauce
1 EL Sake
1 Prise Salz

Würze B
1½ EL Sojasauce
1 EL Mirin
2 Prisen Salz
Pfeffer

Zum Panieren und Frittieren
12 EL Mehl
40 g Panko
Öl zum Frittieren

Die Kartoffeln waschen. In Wasser oder Dampf kochen, bis sie weich sind.

In der Zwischenzeit die Zwiebel längs in feine Streifen schneiden. Die Stiele der Shiitake entfernen, die Köpfe in feine Streifen schneiden.

Würze A und Würze B vorbereiten. Dazu jeweils die Zutaten in einem Schälchen verrühren.

Das Öl in einer Pfanne erhitzen, den Ingwer hinzugeben und die Zwiebel darin bei mittlerer Hitze goldgelb braten. Die Shiitake zufügen und mitbraten, bis sie gar sind. Würze A hinzufügen und unter Rühren 1 weitere Minute kochen, dann vom Herd nehmen.

Die Kartoffeln abtropfen lassen, pellen und mit einem Kartoffelstampfer oder einer Gabel zerdrücken. Mit der Zwiebel-Shiitake-Mischung vermengen. Würze B hinzufügen, gut untermischen und aus der Masse acht leicht abgeflachte Bällchen formen.

Drei Teller zum Panieren vorbereiten: Auf einen 6 EL Mehl geben, auf dem zweiten 6 EL Mehl mit 100 ml Wasser verrühren, auf den dritten Panko geben. Jedes Bällchen zuerst in Mehl, dann in der Mehl-Wasser-Mischung und zuletzt in Panko wenden. Auf einen Teller legen.

Frittieröl 3 cm hoch in eine Pfanne mit hohem Rand geben und auf 180 °C erhitzen. Die Korokke im heißen Öl unter gelegentlichem Wenden 3–4 Minuten frittieren, bis sie rundherum goldbraun sind. Auf Küchenpapier abtropfen lassen. Mit Reis, Rotkohlsalat (Rezept unten) und Tonkatsu-Sauce oder als Sandwich genießen.

TIPP
Wenn Sie die Kartoffeln mit der Schale kochen, bleibt der Geschmack besser erhalten. Wer es eilig hat, kann sie aber auch vor dem Kochen schälen und halbieren.

Korokke-Sandwich

Für 4 Personen

Rotkohlsalat
160 g Rotkohl
2 EL Rosinen
1 TL Korianderkörner
2 EL Reisessig
2 Prisen Salz
1 EL Olivenöl

Sandwich
8 Scheiben getoastetes Brot
Senf
4 Korokke
Tonkatsu-Sauce
Sauce tartare (S. 176) ohne Dill
würzige Kräuter, gehackt

Korokke-Sandwich

Für den Salat den Rotkohl in feine Streifen schneiden. Rosinen, Korianderkörner, Essig, Salz und Olivenöl hinzugeben und alles gut mischen.

Die Brotscheiben mit etwas Senf bestreichen. Mit Rotkohlsalat und Korokke belegen, mit Tonkatsu-Sauce, Sauce tartare und Kräutern belegen.

Geröstete Auberginen

VEGAN

焼きなす

Für 4 Personen
Vorbereitung: 5 Min.
Garzeit: 20 Min.

2 Auberginen

5 Shiso-Blätter (nach Belieben)

1 Stück Ingwer (10 cm), gerieben

4 Prisen Katsuobushi (getrockneter Thunfisch, nach Belieben)

Sojasauce

Den Backofen auf Grillfunktion einstellen und vorheizen.

Die Auberginen waschen. Mit einem Metallspieß oder einem Messer einige Löcher hineinstechen. Die Shiso-Blätter in feine Streifen schneiden.

Die Auberginen auf ein Backblech legen und unter dem Backofengrill rundherum etwa 40 Minuten garen. Mit einem Spieß prüfen, ob die Auberginen gar sind: Sie sollten bis in die Mitte weich sein und eine schwärzlich-verbrannte Haut haben.

Die Auberginen aus dem Ofen nehmen. Sofort in eine Papiertüte stecken und auf einen Teller legen. (Der Dampf macht die gegrillte Haut weich.) Für 10 Minuten zur Seite stellen, dann die Haut mit der Hand abziehen.

Die Auberginen halbieren und auf vier Tellern anrichten. Mit geriebenem Ingwer, Shiso-Blättern und nach Belieben mit Katsuobushi bestreuen.

Kurz vor dem Verzehr mit Sojasauce beträufeln.

Ich liebe dieses Gericht im Sommer, weil die Auberginen so schön zart sind und rauchig duften. Das Gericht ist sehr einfach, aber ich bin jedes Mal aufs Neue beeindruckt.

Sie können die Auberginen auch direkt über der Flamme eines Gasherds grillen, bis die Haut verbrannt ist und das Fruchtfleisch vollständig gar ist. Das schmeckt noch besser, aber nicht jeder hat einen Gasherd. Auch auf dem Holzkohlegrill können die Auberginen zubereitet werden.

Süßkartoffel aus dem Ofen

VEGAN

サツマイモのオーブン焼き

Für 4 Personen
Vorbereitung: 10 Min.
Garzeit: 40 Min.

1 Süßkartoffel (ca. 500 g)

1 Schuss natives Olivenöl extra

Sauce A

1 TL Gochujang (koreanische Chilipaste)

1 TL Reisessig

1 TL Rohrohrzucker

1 TL Sojasauce

Sauce B

4 EL Sojasauce

½ TL gemahlener Kreuzkümmel

1 TL Salz

½ Knoblauchzehe, gerieben

Saft von ⅛ Zitrone

Zum Garnieren

1 Prise gemahlener Zimt

1 Prise Rohrohrzucker

4 EL Sojajoghurt (oder Naturjoghurt)

1 EL natives Olivenöl extra

5 Pekannusskerne, grob gehackt

2 Prisen Sumach

Schale von ⅛ Bio-Zitrone, in feine Streifen geschnitten

Dillspitzen

1 Prise Fleur de sel

Den Backofen auf 200 °C vorheizen.

Die Süßkartoffel der Länge nach halbieren. Beide Hälften kurz unter Wasser abspülen und mit etwas Olivenöl beträufeln. Jeweils in ein Stück Alufolie einwickeln und im Ofen 40 Minuten garen. Die Süßkartoffel ist gar, wenn sie bis zum Kern zart ist.

In der Zwischenzeit die Zutaten für die beiden Saucen in zwei Schüssel geben und gut verrühren.

Die Süßkartoffel auf einem Teller anrichten. Mit Zimt und Zucker bestreuen. Mit Joghurt, den beiden Saucen und einem Schuss Olivenöl beträufeln, dann mit Pekannüssen, Sumach, Zitronenschale, Dillspitzen und Fleur de sel bestreuen.

Kartoffelsalat

VEGAN

ポテトサラダ

Für 4 Personen
Vorbereitung: 15 Min.
Ruhezeit: 10 Min.
Garzeit: 11 Min.

750 g Kartoffeln

¼ rote Zwiebel

¼ Gurke

Salz

1 Karotte

6 EL Sojamayonnaise (S. 139; oder Mayonnaise)

Pfeffer

Dressing

1 EL natives Olivenöl extra

½ TL Salz

1½ TL Rohrohrzucker

1 EL Reisessig

Die Kartoffeln schälen und vierteln. Die rote Zwiebel längs in schmale Streifen schneiden und für 5 Minuten in eine Schüssel mit kaltem Wasser legen, um die Bitterstoffe zu neutralisieren. Gut abtropfen lassen und dabei leicht zwischen den Händen ausdrücken. Mit Küchenpapier abtupfen. Die Gurke waschen, der Länge nach halbieren und entkernen. Mit 1 Prise Salz bestreuen und 10 Minuten abtropfen lassen. Zwischen den Händen ausdrücken, um das Wasser zu entfernen. Die Karotte schälen, längs vierteln und dann in dünne Scheiben schneiden.

Die Kartoffeln in einen großen Topf geben und mit Wasser bedecken. Zum Kochen bringen und 10 Minuten kochen, bis sie weich sind (mit einem Küchenmesser einstechen). Die Karotte 2 Minuten vor Ende der Kochzeit zugeben. Abgießen und abtropfen lassen. Kartoffeln und Karotte wieder in den Topf geben und noch einmal für 30 Sekunden bei mittlerer Hitze auf den Herd stellen, dabei den Topf rütteln, damit die Feuchtigkeit verdampfen kann. Vom Herd nehmen.

Während die Kartoffeln kochen, die Zutaten für das Dressing in einer kleinen Schüssel verrühren.

Dressing und Zwiebel zu den heißen Kartoffeln geben und alles vermischen. Dadurch werden die Zwiebelstreifen weicher und die Kartoffeln nehmen die Gewürze gut an. Abkühlen lassen. Die Gurke hinzufügen, Sojamayonnaise und Pfeffer unterrühren. Abschmecken.

Diesen Salat aus meiner Kindheit mag ich am liebsten. Die selbst gemachte Sojamayonnaise ist leicht und schmeckt sehr gut.

Selbst gemachte Saucen

自家製調味料

Sojamayonnaise ソイマヨネーズ VEGAN

Ergibt 120 ml

50 ml Sojadrink natur (ohne Zucker und Aromen)

60 ml geschmacksneutrales Pflanzenöl

1 TL Dijon-Senf (oder körniger Senf)

2 TL Reisessig

1 Prise Rohrohrzucker

2 Prisen Salz

Alle Zutaten in einem Glas mit weiter Öffnung mit einem Löffel verrühren. Verschließen und für 2–3 Stunden in den Kühlschrank stellen. Mit einem Stabmixer aufmixen. Wenn die Mayonnaise zu flüssig ist, weitere 2 Stunden kühl stellen, damit sie sich verfestigt. Sie eignet sich hervorragend zum Würzen von Kartoffelsalat (S. 136) oder für Sauce tartare (S. 176). Im Kühlschrank hält sie sich 1 Woche.

Dies ist eins meiner besten Dressings. Es schmeckt so ähnlich wie herkömmliche Mayonnaise (meiner Meinung nach sogar besser), ist aber viel gesünder und leichter.

Rā-yu (Gewürzöl mit Ingwer) 辣油 VEGAN

Ergibt 120 ml

90 ml Traubenkernöl (alternativ Sonnenblumenöl oder kalt gepresstes Sesamöl)

15 g rote Chiliflocken

2 getrocknete rote Chilis, in dünne Ringe geschnitten (oder milde koreanische Chilis)

1 EL Szechuanpfeffer

3 Sternanis

25 g Ingwer, gerieben

½ TL Rohrohrzucker

1 Prise Salz

Das Öl in einem kleinen Topf erhitzen, bis es raucht. Die restlichen Zutaten in eine Schüssel geben und das heiße Öl darübergießen (Achtung, das Öl ist sehr heiß. Den Dampf nicht einatmen, er brennt in den Augen und im Hals). Vermischen und abkühlen lassen. In ein Glas füllen. Rā-yu hält sich im Kühlschrank etwa 1 Monat lang.

Ich gebe das Würzöl gern in die Füllung von Gyoza (S. 40), in Hiyashi tantan-men (S. 30), aber auch auf Sardinen-Sashimi oder sogar auf eine Salzkartoffel mit Fleur de sel.

Ponzu (Sauce aus Zitrusfrüchten) ぽん酢

Ergibt 525 ml

200 ml Sojasauce

80 ml Mirin

10 cm getrockneter Kombu

15 g Katsuobushi (getrockneter Thunfisch)

200 ml Saft von Zitrusfrüchten der Saison (z. B. Yuzu, Zitrone, Bergamotte)

Sojasauce, Mirin, Kombu und Katsuobushi in einen Topf geben und bei mittlerer bis schwacher Hitze zum Kochen bringen. Dann den Herd ausschalten und die Sauce abkühlen lassen. Den Zitrussaft unter die vollständig abgekühlte Mischung rühren. Durch ein Sieb gießen und bis zum letzten Tropfen auffangen. Die Sauce in ein mit kochendem Wasser sterilisiertes Glas umfüllen und mindestens 3 Tage reifen lassen. Je reifer die Ponzu ist, desto besser. Sie kann in einem verschlossenen Glas 6 Monate im Kühlschrank aufbewahrt werden.

Verwenden Sie Ponzu zum Beträufeln von Weißfisch-Sashimi, in einer Olivenöl-Vinaigrette, in Fonduesauce (S. 200), zum Beträufeln von Tofu, in Tempura-Sauce (S. 188), zu Kara-age (S. 194) oder zum Anbraten von Gemüse.

TIPPS

Ponzu gibt es in japanischen Lebensmittelgeschäften, aber das fertige Produkt enthält oft Geschmacksverstärker. Die selbst gemachte Sauce schmeckt mir viel besser.

–

Wenn Sie keinen Mirin finden, ersetzen Sie ihn durch 60 ml Sake, der 2 Minuten lang gekocht wurde, und 1½ EL Rohzucker.

VEGANE PONZU

Ersetzen Sie den Katsuobushi durch 10 g getrocknete Shiitake. Die Pilze über Nacht in der Sojasauce, dem Mirin und 40 ml Wasser einweichen. Mit dem Kombu 2 Minuten aufkochen, dann dem weiteren Verlauf des Rezepts folgen.

Tofu selbst machen

VEGAN

自家製豆腐

A

B

Ergibt 900 g
Vorbereitung: 1 Std.
Garzeit: 20 Min.
Einweich- und Ruhezeit: 12–20 Std.

300 g ganze gelbe Sojabohnen
12 g Nigari (natürlicher Meersalzextrakt)

Utensilien

1 großer Topf
1 Beutel aus Käseleinen (25 × 40 cm)
1 Thermometer
1 Stück Käseleinen
1 Tofupresse (10 × 13 × 8,5 cm; für den Anfang genügt ein Plastikbehälter gleicher Größe, in dessen Wände und Boden Löcher gestochen werden)

Die Sojabohnen in einer Schüssel mit Wasser waschen, dabei das Wasser zwei- bis dreimal wechseln, bis es klar ist. Dann die Sojabohnen in 900 ml Wasser einweichen: 20 Stunden im Winter, 15 Stunden im Frühling und Herbst, 12 Stunden im Sommer. Um zu prüfen, ob die Sojabohnen ausreichend gequollen sind, eine Bohne in zwei Hälften brechen: Wenn das Innere glatt ist, ist sie fertig. Hat das Innere noch eine leichte Höhlung, die Bohnen weitere 1–2 Stunden einweichen.

Die Sojabohnen mit dem Einweichwasser im Mixer zu einer glatten, cremigen Masse zerkleinern. Um den Mixer danach zu reinigen, ein Glas Wasser hineingießen und das Gerät einschalten.

Die Mischung (Gō auf Japanisch) in einen großen Topf geben. 1 l Wasser hinzufügen, außerdem das Wasser, mit dem der Mixer gereinigt wurde. Idealerweise sollte die Gō maximal bis zu einem Drittel der Topfhöhe reichen. Reicht sie bis zur halben Topfhöhe, kann sie überkochen. Die Gō bei starker Hitze erwärmen und dabei ständig mit einem breiten Holzspatel über den Boden rühren, am besten mit Zickzack- und Kreuzbewegungen – Gō brennt sehr leicht an **(A)**.

C

D

Sobald die Mischung aufkocht (Achtung, der Schaum steigt plötzlich an!) den Herd ausschalten und auf dieselbe Weise weiterrühren. Wenn sich der Schaum gesetzt hat, die Mischung bei schwacher Hitze unter ständigem Rühren etwa 8–9 Minuten weiterkochen.

Die Gō dann in einen Beutel aus Käseleinen geben **(B)** und noch heiß mit den Händen (mit Handschuhen) oder mit einem Spatel möglichst viel Flüssigkeit herauspressen. Diese ist Ihr hausgemachter Sojadrink. Der Rückstand wird »Okara« genannt.

Den Sojadrink in einen Topf gießen, auf 80 °C erhitzen und vorsichtig über den Topfboden rühren. Wenn die Flüssigkeit simmert – also kurz bevor sie aufkocht –, vom Herd nehmen. Nigari mit 120 ml Wasser verdünnen, die Hälfte davon über den Spatel hinzugeben und vorsichtig rühren, dabei kreuzweise über den Topfboden fahren. Den Rest des Nigari ebenso zugeben, umrühren und den Spatel vorsichtig herausziehen. Die Mischung beginnt zu gerinnen **(C)**. Abdecken und 10 Minuten stehen lassen.

Das Käseleinen in die Tofupresse legen. Die Box in eine Schale stellen, um das auslaufende Wasser aufzufangen. Die Mischung in die Box gießen und die Oberfläche glätten **(D)**. Die Box verschließen und beschweren (z. B. mit einem Glas oder einer Schüssel voll Wasser). 30 Minuten abtropfen lassen, für festen Tofu auch länger.

Den Tofu vorsichtig herausnehmen und in eine Schüssel mit Wasser legen. 30 Minuten stehen lassen, um den leicht bitteren Beigeschmack des Nigari zu neutralisieren.

TIPPS

Selbst gemachter Tofu hält sich in einer luftdichten Dose im Kühlschrank 2–3 Tage. Ganz frisch schmeckt er am besten.

–

Okara kann 3 Tage im Kühlschrank und 1 Monat im Gefrierschrank aufbewahrt werden. Man kann es beispielsweise für Unohana (S. 152) oder Okara-Krapfen mit Sesam (S. 234) verwenden.

Tofu

豆腐

Von anderen Japanern, die auch in Paris leben und stets auf der Suche nach gutem Tofu sind, hatte ich von Suzu Tofu gehört. Damals wusste ich nicht, dass »Suzu« auf den Namen des Markengründers Akira Suzuki zurückgeht. »Monsieur Suzu« hatte sein Leben der Herstellung von echtem japanischem Tofu in Frankreich gewidmet. Heute ist er im Ruhestand, aber Madame Ogawa teilt seine Leidenschaft und führt sein Lebenswerk fort. Zweimal pro Woche wirft sie morgens mit ihren beiden Kolleginnen die Maschinen aus Japan an, um die Sojabohnen zu zerstampfen. Dabei entsteht der cremigste Sojadrink, den ich in Frankreich je probiert habe, und ein wunderbar frischer, zarter Tofu. Für die Produktion werden zwar auch Maschinen verwendet, aber ein großer Teil des Herstellungsprozesses ist sorgfältige Handarbeit.

Der aufsteigende Sojadampf und der süße Kochgeruch des Sojadrinks versetzen mich geradewegs in meine Kindheit zurück. In meiner Nachbarschaft gab es immer mindestens einen Tofu-Laden, der jeden Tag schon sehr früh am Morgen für die Leute geöffnet hatte, die Tofu zum Frühstück kaufen wollten. Frischer Tofu ist wie ofenfrisches Baguette. Es macht einfach unbeschreiblich glücklich, wenn man morgens einen guten frischen Tofu in der Misosuppe hat.

Wie in Japan wird der Tofu von Suzu Tofu behutsam geschnitten und in Wasser gelegt, um seine Frische bis zum Verzehr zu bewahren. Frau Ogawa ließ mich ein frisch geschnittenes, noch warmes Stück Tofu probieren. Er schmeckte so köstlich wie der Tofu meiner Kindheit in Japan. Tofu ist nicht fade, sondern sehr delikat. Sie können ihn auch zu Hause zubereiten (siehe Schritt-für-Schritt-Anleitung auf S. 140–141). Das ist viel Arbeit und kostet Zeit. Kein Wunder, dass es in Japan an beinahe jeder Ecke einen Tofu-Laden gibt!

Tofusalat

VEGAN

MIT WALNÜSSEN UND KRÄUTERN

木の実とハーブの豆腐サラダ

Für 4 Personen
Vorbereitung: 10 Min.
Garzeit: 5 Min.

20 g Mischung aus Sesam, Walnuss- und Haselnusskernen

4 Halme Schnittlauch

4 Stängel Koriandergrün

400 g Seidentofu

Sauce

2 EL Sojasauce

1 EL Rohrohrzucker

1 EL Sesamöl aus geröstetem Sesam

Gebratener Knoblauch

3 EL geschmacksneutrales Pflanzenöl zum Braten

2 Knoblauchzehen, in dünne Scheiben geschnitten

Walnüsse und Haselnüsse grob hacken und mit dem Sesam mischen. Schnittlauch und Korianderstängel fein hacken. Die Blätter vom Koriandergrün beiseitelegen.

Alle Zutaten für die Sauce in einer Schüssel verrühren.

Für den gebratenen Knoblauch das Öl und die Knoblauchscheiben in eine kleine Pfanne geben und erhitzen. Den Knoblauch bei schwacher bis mittlerer Hitze goldbraun braten. Abtropfen lassen und das Öl aufbewahren.

Den Tofu gut abtropfen lassen und in eine Schüssel geben. Die gehackten Kräuter hinzufügen, mit der Sauce und dem Knoblauchöl beträufeln und mit der Nussmischung, den Korianderblättern und den Knoblauchchips bestreuen. Sofort servieren.

TIPP

Seidentofu kann relativ schnell Wasser abgeben. Wenn Sie den Tofusalat zu früh zubereiten, wird die Sauce mit dem Wasser aus dem Tofu verdünnt. Bereiten Sie das Gericht lieber erst kurz vor dem Servieren zu. Ich esse diesen Salat sehr gern auf heißem Reis.

Ganmodoki

VEGAN

(FRITTIERTE TOFUBÄLLCHEN)

がんもどき

Für 4–6 Personen
Vorbereitung: 15 Min.
Garzeit: 7 Min.

1 kleine Karotte

4 g getrocknete Hijiki-Algen (oder 2 g andere getrocknete Algen)

60 g frische Shiitake

¼ Zwiebel

120 g Kartoffeln

500 g schnittfester Tofu

2 EL gerösteter Sesam

Öl zum Frittieren

Würze

2 EL Sojasauce

2 Prisen Salz

2 EL Mirin

1 EL Kartoffelstärke (oder Maisstärke)

Zum Garnieren

50 g weißer oder violetter Rettich, gerieben

1 Stück Ingwer (5 cm), gerieben

Sojasauce

Die Karotte schälen und in feine Stifte schneiden. Die Algen nach Packungsangabe einweichen und abtropfen lassen, dabei zwischen den Händen ausdrücken. Die Shiitake in feine Streifen schneiden. Die Zwiebel längs in feine Streifen schneiden. Die Kartoffeln schälen und reiben.

Den Tofu im Mixer zu einer glatten Paste verarbeiten, dann in eine Schüssel geben. Gemüse, Algen, Sesam und die Würzzutaten hinzufügen. Mit den Händen zehn Bällchen formen (dazu die Hände leicht einölen, damit die Masse nicht an den Fingern klebt).

In eine Pfanne mit hohem Rand so viel Frittieröl geben, dass die Bällchen darin eingetaucht werden können. Das Öl auf 160 °C erhitzen. Die Ganmodoki 6–7 Minuten frittieren, bis sie schön goldbraun sind. Abtropfen lassen und sofort mit geriebenem Rettich und Ingwer servieren, dazu Sojasauce reichen.

TIPP

Frittierte Ganmodoki können in einem Gefrierbeutel mehrere Wochen eingefroren werden. Sie schmecken auch gut in Oden (S. 184).

Sommerrollen

VEGAN

MIT GEBRATENEM TOFU UND BIRNE

揚げ豆腐の生春巻き

Für 4 Personen
Vorbereitung: 30 Min.
Garzeit: 5 Min.

1 Karotte

Saft von ⅛ Zitrone oder Limette

1 TL No-Fish-Sauce

½ TL Rohrohrzucker

125 g schnittfester Tofu

2 EL Kartoffelstärke (oder Maisstärke)

2 EL geschmacksneutrales Pflanzenöl zum Braten

50 g Reisnudeln (Vermicelli)

8 Reisblätter

16 Blätter Minze

8 Stängel Koriandergrün

30 g violetter Rettich (oder Rotkohl), in feine Streifen geschnitten

½ große aromatische Birne, geschält und geachtelt

2 Salatblätter, Mittelrippe abgeflacht, geviertelt

Sauce

1 EL Erdnuss-Sauce

1½ EL Rohrohrzucker

1 EL No-Fish-Sauce

Saft von ¼ Zitrone (oder Limette)

¼ Knoblauchzehe, gehackt

2 EL Erdnüsse, geröstet und gehackt

Die Karotte schälen, in feine Juliennestreifen schneiden und mit Zitronensaft, No-Fish-Sauce und Zucker in eine Schüssel geben. 5 Minuten marinieren. Den Tofu in acht lange Stäbchen schneiden und in der Speisestärke wenden. Das Öl in einer Pfanne erhitzen und den Tofu darin bei schwacher Hitze von allen Seiten goldbraun braten. Auf Küchenpapier abtropfen lassen.

Die Reisnudeln in einem Topf mit kochendem Wasser 1 Minute kochen. Anschließend gut abtropfen lassen.

Alle Zutaten für die Sauce mit 2 EL Wasser in einer Schüssel verrühren.

Die Reisblätter 1 Sekunde lang vollständig in Wasser eintauchen und herausnehmen: Sie werden binnen 1 Minute weich. Die Blätter auf der Arbeitsfläche ausbreiten. Minze und Koriandergrün am Rand der Reisblätter verteilen. Dann Karotte, Tofu, Rettich, Birne und die Reisnudeln auf die Reisblätter geben. Auf jedes Reisblatt ein halbes Salatblatt legen.

Zum Aufrollen die Seiten vorsichtig über die Füllung klappen, dabei zusammendrücken. Die Unterseite des Reisblattes nach oben über die Füllung falten und nach oben rollen. Sofort servieren.

Wenn die Sommerrollen etwas später (aber am selben Tag) gegessen werden sollen, kann man sie in Frischhaltefolie wickeln und in den Kühlschrank legen.

FÜR NICHT-VEGANER

Sie können die No-Fish-Sauce durch Nuoc Mam ersetzen.

Mabo-doufu

VEGAN

(TOFU IN PIKANTER SAUCE)

麻婆豆腐

Für 4 Personen
Vorbereitung: 20 Min.
Ruhezeit: 1–3 Std.
Garzeit: 20 Min.

250 g Seidentofu

Pfeffer

Mabo-Sauce

5 g getrocknete Shiitake

50 g braune Champignons

50 g feines Sojaprotein (oder 100 g Schweinehackfleisch)

2 EL Kartoffelstärke (oder Maisstärke)

2 EL geschmacksneutrales Pflanzenöl

1 Stück Ingwer (5 cm), fein gehackt

1 Knoblauchzehe, gehackt

10 cm vom weißen Teil einer Lauchstange, fein gehackt

1 rote Chili, fein gehackt

1 EL Szechuanpfeffer

1 TL Sesamöl aus geröstetem Sesam

Würze

2 EL Sojasauce

2 TL Rohrohrzucker

1 EL Mirin

1 TL braunes oder rotes Miso

Zum Garnieren

einige Stängel Koriandergrün

Utensilien

Bambus-Dampfkorb (oder Dampfgarer)

Für die Mabo-Sauce die getrockneten Shiitake in 200 ml Wasser einweichen (mindestens 2 Stunden in lauwarmem Wasser, 1 Stunde in kochendem Wasser). Abtropfen lassen, dabei das Einweichwasser aufbewahren. Die Champignons fein hacken. Das Sojaprotein nach Packungsangabe einweichen. Die Speisestärke in einer kleinen Schüssel mit 2 EL Wasser anrühren.

Den Tofu in eine Schüssel geben, die in den Dampfgarer (oder den Dampfkorb) passt, und bei mittlerer Hitze 7 Minuten dämpfen.

In der Zwischenzeit für die Mabo-Sauce das Öl in eine Pfanne geben und sofort Ingwer, Knoblauch und Lauch hinzufügen. Bei mittlerer Hitze braten, bis die Mischung duftet. Chili und Szechuanpfeffer zugeben und 1 Minute mitbraten. Shiitake, Champignons und Sojaprotein hinzufügen und braten, bis die Pilze gar sind. Das Shiitake-Einweichwasser und die Würzzutaten hinzufügen. Zugedeckt 3–4 Minuten köcheln lassen, dabei gelegentlich umrühren. Die angerührte Speisestärke hinzugeben und unter Rühren köcheln lassen, bis die Sauce eindickt. Mit Sesamöl beträufeln und den Herd ausschalten.

Den gedämpften Tofu mit einem großen Löffel auf vier Tellern anrichten und dabei darauf achten, dass das ausgetretene Wasser gut abtropft. Mabo-Sauce darübergeben, mit Pfeffer würzen und mit Koriandergrün bestreuen.

Dieses Rezept stammt aus China, ist aber auch in Japan beliebt. Meinem Vater gelingt dieses Gericht sehr gut, aber bei der Schärfe macht er keine Abstriche, auch wenn Kinder mitessen. So habe ich als Kind Chilischoten kennengelernt. Das klassische Rezept wird mit gehacktem Schweinefleisch und festem Tofu, der in 1 cm große Würfel geschnitten wird, zubereitet. Da es in Frankreich jedoch nicht einfach ist, guten festen Tofu zu finden, verwende ich lieber Seidentofu, den man in Bioläden kaufen kann.

Unohana

VEGAN

(OKARA MIT DASHI UND GEMÜSE)

卵の花

Für 4–6 Personen
Vorbereitung: 15 Min.
Ruhezeit: 3 Std.
Garzeit: 12 Min.

10 g getrocknete Shiitake

400 ml Dashi (S. 166; oder vegane Dashi, S. 122)

½ Zucchini

1 Frühlingszwiebel

½ Karotte

100 g Topinambur

2 große frische Shiitake (oder andere Pilze)

1 EL geschmacksneutrales Pflanzenöl

300 g Okara (S. 141)

Würze

2 EL geschmacksneutrales Pflanzenöl

3 EL Sojasauce

2 EL Mirin

2 EL Rohrohrzucker

1 TL Salz

Die getrockneten Shiitake 3 Stunden in der kalten Dashi einweichen. Abtropfen lassen, dabei die Dashi auffangen und beiseitestellen.

Die Zucchini der Länge nach halbieren und dann in 3 mm dicke Scheiben schneiden. Die Frühlingszwiebel in dünne Ringe schneiden. Karotte und Topinambur schälen, in 3 cm dicke Scheiben und dann in feine Stifte schneiden. Die frischen und eingeweichten Shiitake in dünne Scheiben schneiden.

Das Öl in einem Topf erhitzen und Zucchini, Karotte, Topinambur und Pilze darin bei starker Hitze 2 Minuten anbraten. Okara zugeben und umrühren. Alle Würzzutaten und die aufbewahrte Dashi hinzufügen. Bei mittlerer Hitze unter ständigem Rühren etwa 10 Minuten köcheln lassen, bis die Flüssigkeit verdampft ist und die Mischung eindickt. Am Ende der Kochzeit die Frühlingszwiebel dazugeben, umrühren und servieren.

TIPP

Okara ist in vielen Bioläden im Kühlregal zu finden. Oft liegt er gleich neben dem Tofu.

Aemono

(DREI SALATE MIT ALGEN)

三種の和え物

VEGAN

Salat aus Spargel und Queller mit Tofu-Sesam-Sauce
アスパラガスと海藻の白和え

Für 4 Personen

180 g Spargel

Salz

50 g eingeweichter Queller (oder Wakame) *

Tofu-Sesam-Sauce

250 g Seidentofu

2 EL weißes Tahin

2 EL gerösteter Sesam

2 TL Sojasauce

1 TL Mirin

1 TL Rohrohrzucker

½ TL Salz

Nach Belieben

Schale von 1 Bio-Yuzu oder einer anderen Zitrusfrucht (z. B. Bergamotte, Zitrone), in feine Streifen geschnitten

Den Spargel schälen und die holzigen Enden entfernen. Die Stangen in einem Topf mit leicht gesalzenem Wasser einige Minuten kochen. Sie sollten gar sein, aber noch etwas Biss haben. Herausnehmen und in 4 cm lange Stücke schneiden. Eingeweichten Queller (oder Wakame) gut abtropfen lassen und dabei zwischen den Händen ausdrücken. Alle Zutaten für die Tofu-Sesam-Sauce mit einem Stabmixer glatt pürieren. Die Zutaten für den Salat erst kurz vor dem Servieren miteinander mischen. Nach Belieben mit Zitrusschale bestreuen.

** 50 g eingeweichter Queller entsprechen etwa 35 g frischem, gesalzenem Queller.*

VEGAN

Salat aus Avocado und Nori mit Sesamöl
アボカドと海苔の和え物

Für 4 Personen

2 Avocados (Bio)

Saft von ¼ Zitrone

1 Nori-Blatt

Sauce

2 TL gerösteter Sesam

4 TL Sesamöl aus geröstetem Sesam

2 TL Sojasauce

¼ Knoblauchzehe, gerieben

½ TL Rohrohrzucker

½ TL Salz

Die Avocados halbieren, entkernen und schälen. Mit den Fingern in große Stücke brechen oder sehr reife Avocados mit einem Messer in Stücke schneiden. Mit dem Zitronensaft beträufeln. Das Nori-Blatt grob zerzupfen.

Alle Zutaten für die Sauce in einer kleinen Schüssel verrühren. Salatzutaten und Dressing erst kurz vor dem Servieren mischen.

Salat aus Wakame, Austern und Gurke mit Vinaigrette
わかめの和え物

Für 4 Personen

40 g eingeweichte Wakame *

120 g Gurke

12 Austern

5 g Ingwer, fein gehackt

Vinaigrette

4 EL Ponzu (S. 139)

4 EL Dashi (S. 166)

2 TL Rohrohrzucker

½ TL Salz

Die eingeweichten Wakame gut abtropfen lassen und zwischen den Händen ausdrücken. In lange, 3 cm breite Streifen schneiden. Die Gurke längs halbieren, die Kerne entfernen und in sehr dünne Scheiben schneiden. Die Austern öffnen, aus der Schale nehmen, vorsichtig waschen und abtupfen.

Alle Zutaten für die Vinaigrette in einer kleinen Schüssel mischen.

Wakame, Gurke und Austern auf Tellern anrichten. Mit gehacktem Ingwer bestreuen und kurz vor dem Servieren mit der Vinaigrette beträufeln.

** Um 40 g gequollene Wakame zu erhalten, brauchen Sie etwa 15 g getrocknete Wakame-Blätter oder 25 g frische, gesalzene Wakame.*

Algenpfannkuchen

VEGAN

MIT KARTOFFELN AUF KOREANISCHE ART

韓国風海藻とジャガイモのお好み焼き

Für 4 Personen
Vorbereitung: 15 Min.
Garzeit: 20 Min.

Sauce

Saft von ½ Zitrone

3 EL Sojasauce

2 TL Sesamöl aus geröstetem Sesam

2 Prisen Rohrohrzucker

1 TL gerösteter Sesam

einige Blätter Koriandergrün

Pfannkuchen

100 g Karotten

½ rote Zwiebel

40 g gequollenes Meeresgemüse (z. B. Wakame, Hijiki, Queller) *

500 g festkochende Kartoffeln

40 g Reismehl

2 Prisen Salz

2 EL geschmacksneutrales Pflanzenöl (+ mehr nach Bedarf)

** Für 40 g gequollenes Meeresgemüse brauchen Sie ungefähr die folgenden Mengen:*
Wakame, getrocknet – etwa 15 g
Hijiki, getrocknet – etwa 7 g
Queller oder Wakame, frisch und gesalzen – etwa 26 g

Alle Zutaten für die Sauce in einer Schüssel verrühren und zur Seite stellen.

Die Karotten schälen und in feine Stifte schneiden. Die Zwiebel ebenfalls in feine Stifte schneiden. Das gequollene Meeresgemüse in mundgerechte Stücke schneiden (falls nötig). Die Kartoffeln schälen und raspeln. Karotten, Zwiebel und Meeresgemüse in eine Schüssel geben und mischen. Die geraspelten Kartoffeln dazugeben und alles mit der Hand gut vermengen. Reismehl und Salz hinzufügen und erneut mit der Hand vermengen. 16 Pfannkuchen formen.

In einer Pfanne 2 EL Pflanzenöl erhitzen. Einige Pfannkuchen in die Pfanne legen und bei mittlerer bis hoher Hitze backen, bis die erste Seite goldbraun ist. Umdrehen und die andere Seite backen. So weiterverfahren, bis alle Pfannkuchen gebraten sind. Falls nötig, zwischendurch mehr Öl in die Pfanne geben. In meine Pfanne passen vier Pfannkuchen, ich muss sie also in vier Portionen braten.

Mit der Sauce servieren.

Dieses Gericht ist eine Anspielung auf Chijimi, salzige Pfannkuchen, die in Japan sehr beliebt sind. Wer mag, kann auch Meeresfrüchte wie Garnelen oder Austern unter den Teig rühren.

Algen

海

藻

Algen gehören zu den wichtigsten Zutaten der japanischen Küche. Seit ich in Frankreich lebe, habe ich sie nur selten verwendet, weil ich ungern Produkte in Plastiktüten kaufe, die von weit her importiert wurden. Von jeder meiner Japanreisen habe ich Algen mitgebracht, und wenn mein Vorrat aufgebraucht war, gab es eben keine Algen mehr. Das änderte sich, als Julie, die Gründerin von HepKen, mich kontaktierte, um mir ihre Produkte anzubieten. (Julie ist übrigens auch eine fantastische Köchin, die originelle Rezepte entwickelt.) HepKen verkauft frische Algen in Bio-Qualität aus der Bretagne, insbesondere Wakame und Kombu, die nach traditionell japanischen Verfahren gesalzen werden. Über diese Begegnung habe ich mich sehr gefreut – erst recht, nachdem ich die Produkte probiert hatte! Die Wakame von HepKen kann sich mit der japanischen Qualität absolut messen. Der Kombu ist etwas anders, aber man kann damit eine gute Dashi zubereiten. Julie bietet auch Queller an, den es in Japan nicht gibt, in den ich mich aber auf den ersten Biss verliebt habe. Gut zu wissen, dass man auch in Frankreich gute, lokal produzierte Algen finden kann.

Ich traf ihren Lieferanten, den Algenproduzenten Algolesko, in Loctudy. Diese Leute brennen so sehr für Algen, dass sie mit Landwirten in Tokushima, woher Japans beste Wakame-Algen kommen, im Austausch stehen und Handel treiben. Das bretonische Team reiste nach Tokushima, um auf den Wakame-Feldern zu arbeiten und zu lernen. Im Gegenzug kam das japanische Team nach Frankreich, um den Algenanbau in der Bretagne zu begutachten. Sie erzählten mir von diesem schönen und spannenden Austausch. Als Küchenzutat sind Algen in Frankreich noch unbekannt, aber ich bin mir sicher, dass sich das bald ändern wird – dank dieser Menschen, die mit Hingabe hochwertige Algen produzieren.

魚

FISCH

Sashimi-Salat

刺身サラダ

Für 4 Personen
Vorbereitung: 15 Min.
Garzeit: 3 Min.

300 g wilde Seebrasse (alternativ Thunfisch oder Sardinen) von Sashimi-Qualität *

10 Weintrauben

½ Gurke

1 Karotte

Pfeffer

Fleur de sel

Würze

Saft von 1 Zitrone

2 EL Sesamöl

2 EL Sonnenblumenöl

3 EL Sojasauce

¼ Knoblauchzehe, gerieben

Zum Garnieren

1 Blatt Brik-Teig

Öl zum Frittieren

2 EL Erdnüsse, geröstet und grob gehackt

einige Stängel Kerbel

** Fragen Sie beim Fischhändler nach, ob der Fisch so frisch ist, dass man ihn bedenkenlos roh verzehren kann.*

Den Fisch dünne Scheiben schneiden. Die Weintrauben halbieren. Die Gurke der Länge nach halbieren, entkernen und in feine Stifte schneiden. Die Karotte schälen und in feine Stifte schneiden.

Alle Zutaten für die Würzsauce miteinander verrühren.

Für die Garnitur das Brik-Blatt in schmale, 5 cm lange Streifen schneiden. In eine Pfanne 2 cm hoch Frittieröl geben und erwärmen. Die Brik-Streifen darin bei mittlerer Hitze knusprig und goldbraun frittieren, dann auf Küchenpapier abtropfen lassen.

Das Gemüse und die Sashimi-Scheiben auf vier Teller verteilen. Mit Erdnüssen, frittierten Brik-Streifen und Kerbel bestreuen. Kurz vor dem Servieren mit der Würzsauce beträufeln und mischen. Mit etwas Pfeffer und Fleur de sel würzen und sofort servieren.

TIPP

Dieser Salat schmeckt auch sehr gut mit anderen Früchten wie Weinbergpfirsichen, Kakis oder Erdbeeren.

VEGANE VERSION

Ersetzen Sie den Fisch durch 250 g festen Tofu, der in 7 mm dünne Scheiben geschnitten und mit 1 EL Sojasauce und 1 TL geriebenem Ingwer mariniert wird. In Kartoffel- oder Maisstärke wenden und frittieren.

Fischsuppe mit Bastardmakrele

鯵の南蛮漬け

Für 4 Personen
Vorbereitung: 30 Min.
Marinierzeit: 1–24 Std.
Garzeit: 30 Min.

8 Bastardmakrelen (je ca. 10 cm lang)

2 Prisen Salz

4 EL Kartoffelstärke (oder Maisstärke)

Öl zum Frittieren

12 Kirschtomaten

Marinade

300 ml Dashi (S. 166)

70 ml Reisessig

60 ml Sojasauce

2 EL Rohrohrzucker

2 EL Mirin

4 g getrockneter Kombu

1 getrocknete rote Chili (nach Belieben)

Zum Garnieren

⅛ rote Zwiebel, gehackt

1 Stängel Dill, gehackt

Die Bastardmakrelen ausnehmen: Einen Fisch unterhalb des Kopfes aufschneiden, die Finger innen beiderseits der Mittelgräte hineinschieben und vorsichtig ziehen, um Kiemen, Schlund und Darm auf einmal zu entfernen. Man kann auch einfach den Kopf abschneiden und den Darm entfernen, aber der frittierte Kopf ist so gut, dass es schade wäre, ihn zu verschwenden. Das Innere der Fische gründlich waschen und mit Küchenpapier abtupfen, salzen. Die Fische innen und außen großzügig mit der Speisestärke bestreuen und auf einen Teller legen.

Alle Zutaten für die Marinade in einem großen luftdichten Behälter miteinander verrühren.

In einen Topf 3 cm hoch Frittieröl geben und auf 160 °C erhitzen. Die Fische darin 25 Minuten frittieren. Nach der Hälfte der Zeit wenden, die Temperatur auf 180 °C erhöhen und weitere 1–2 Minuten frittieren, damit sie knusprig werden. Auf Küchenpapier gut abtropfen lassen und noch heiß mit der Marinade mischen.

Die Kirschtomaten in den Topf mit dem Frittieröl geben und etwa 30 Sekunden frittieren, abtropfen lassen und in die Marinade geben. Vor dem Verzehr mindestens 1 Stunde, besser bis zu 24 Stunden marinieren. Mit der roten Zwiebel und dem Dill garnieren.

TIPPS

Durch die lange Garzeit in Öl bei niedriger Temperatur können Sie die Bastardmakrelen im Ganzen essen. Glauben Sie mir, das ist wirklich lecker!

—

Es empfiehlt sich, beim Ausnehmen der Fische Handschuhe anzuziehen, damit man sich nicht sticht.

Dashi

(KATSUOBUSHI UND KOMBU)

鰹
出
汁

A

B

Ergibt 1 l
Vorbereitung: 5 Min.
Ruhezeit: 40 Min.–1 Nacht
Garzeit: 15 Min.

10 g getrockneter Kombu, halbiert
10 g Katsuobushi (getrockneter Thunfisch)

Es gibt nichts Besseres als selbst gemachte Dashi. Das Rezept mag zunächst kompliziert klingen, ist aber tatsächlich einfacher als so manches Rezept für europäische Brühe. In asiatischen Geschäften gibt es Dashi-Konzentrate als Pulver oder in flüssiger Form, aber oft sind sie mit Glutamat, Aminosäuren und allen möglichen künstlichen Geschmacksverstärkern angereichert. Heute kann man sogar Katsuobushi und Kombu kaufen, die in Europa hergestellt werden.

1 l Wasser in einen Topf geben und den Kombu mindestens 30 Minuten (oder über Nacht) darin einweichen **(A)**. Das Wasser langsam erhitzen. Kurz bevor es kocht, den Kombu herausnehmen, damit sich sein starker Jodgeschmack nicht zu sehr auf die Brühe überträgt. Den Katsuobushi hinzufügen **(B)**. 1 Minute köcheln lassen, dann den Herd ausschalten und die Dashi 10 Minuten ziehen lassen.

Die Dashi durch ein Sieb in eine große Schüssel gießen. Die Feststoffe vorsichtig ausdrücken, um keinen Tropfen zu verschwenden **(C–D)**. Dashi hält sich 3 Tage im Kühlschrank und kann bis zu 1 Monat eingefroren werden.

TIPP

Sie brauchen jeweils 1 % der Wassermenge an Katsuobushi und Kombu. Für 600 ml Dashi brauchen Sie also je 6 g Katsuobushi und Kombu (außerdem 20 ml Wasser für die Absorption und Verdunstung hinzufügen).

C

D

Die Reste von Katsuobushi und Kombu niemals wegwerfen! Sie können für Reis, Onigiri (S. 74) und sogar für italienische Pasta verwendet werden.

Furikake

Katsuobushi von 1 l Dashi

Kombu von 1 l Dashi

1 EL gerösteter Sesam

1 TL Sesamöl aus geröstetem Sesam

1 EL Sojasauce

½ EL Zucker

1 EL Mirin

1 TL Reisessig

Den Katsuobushi auf einem Backblech oder *zaru* ausbreiten und 3 Stunden trocknen lassen.

Den Kombu in 2 cm breite Streifen schneiden. Den Katsuobushi in eine Pfanne geben, bei mittlerer Hitze erwärmen und unter gelegentlichem Rühren trocknen. Er wird innerhalb weniger Minuten trocken wie kleine Papierschnipsel. Kombu, Sesam und Sesamöl zugeben und 1 Minute braten. Sojasauce, Zucker, Mirin und Reisessig zufügen. Die Flüssigkeit bei mittlerer bis schwacher Hitze unter ständigem Rühren verdampfen lassen.

Furikake hält sich in einem geschlossenen Glas im Kühlschrank etwa 10 Tage.

Chawanmushi

MIT VENUSMUSCHELN

あさりの茶碗蒸し

Für 4 Personen
Vorbereitung: 15 Min.
Einweichzeit: 2–3 Std.
Garzeit: 20 Min.

1 TL Salz

16 Venusmuscheln

300 ml kalte Dashi (S. 166)

2 Eier (Bio)

Zum Servieren

1 TL Sojasauce

1 TL geschmacksneutrales Pflanzenöl

2 Halme Schnittlauch, gehackt

Utensilien

Bambus-Dampfkorb

Das Salz in 200 ml Wasser auflösen und die Muscheln für 2–3 Stunden hineinlegen. Anschließend waschen. 80 ml Wasser in einem Topf zum Kochen bringen, die Venusmuscheln hineingeben und abdecken. Herausnehmen, sobald sie sich öffnen, und abkühlen lassen. Den Muschelsud in eine große Schüssel geben und ebenfalls abkühlen lassen. Dann die kalte Dashi unterrühren.

Die Eier in einer Schüssel mit einem Schneebesen verquirlen. Den Muschelsud mit Dashi unterrühren, dann die Mischung durch ein feines Sieb gießen. In eine große Schüssel (die in den Dampfkorb passt) oder in vier kleine Schalen füllen.

Den Dampfkorb vorbereiten. Wasser erhitzen, die Schüssel (oder die Schalen) in den Dampfkorb stellen und 15 Minuten (große Schüssel) oder 10 Minuten (Schalen) bei schwacher Hitze garen. Wenn das Innere noch etwas flüssig ist, weitere 2–3 Minuten garen und erneut prüfen. Die Venusmuscheln auf der Creme verteilen und 1 weitere Minute garen.

Die Schüssel aus dem Dampfkorb nehmen. Das Gericht mit Sojasauce und Öl beträufeln und mit Schnittlauch bestreuen.

TIPP

Dieses Rezept eignet sich gut zum Improvisieren. Das Grundprinzip ist: 1 Teil verquirltes Ei auf 3 Teile Brühe – die Brühe muss kalt sein, damit das Ei beim Verrühren nicht stockt. Man kann das Gericht mit Hühnerbrühe oder Fischfond zubereiten und die Beilagen variieren (Pilze, Karotten, Erbsen, Garnelen, Fleisch, Fisch usw.). Wichtig ist, die Zutaten in kleine Stücke zu schneiden, damit sie schnell gar werden.

Himono

(GETROCKNETER FISCH)

魚の干物

Für 4 Personen
Vorbereitung: 30 Min.
Ruhezeit: 2 Std. -4½ Std.
Garzeit: 10 Min.

Zubereitung mit Salz

4 mittelgroße Bastardmakrelen

48 g Salz

Den Rücken der Fische mit einem Messer aufschneiden. Dafür den Kopf genau in der Mitte aufschlitzen und entlang der Rückenkante fortfahren, nur an der Rückenflosse 5 mm zur Seite abweichen. Das Messer so weit hineindrücken, dass man den Fisch wie auf dem Foto aufklappen kann. Die inneren Organe und die Kiemen entfernen. Den Fisch abspülen und mit Küchenpapier gut abtupfen.

In einem Gefäß, in das die Fische gut eingetaucht werden können, 400 ml Wasser mit dem Salz mischen (12 % der Wassermenge). Die Bastardmakrelen in diese Lake legen. Wenn die Fische nicht untergetaucht sind, mehr Lake anrühren und dabei den Salzanteil genau einhalten. 20 Minuten bei Zimmertemperatur marinieren (je länger die Fische mariniert werden, desto salziger werden sie).

Die Fische zum Trocknen auf einen Rost oder auf ein *zaru* legen. Man kann sie auch mit Klammern an einer Wäscheleine im Freien aufhängen. Die Sonne muss nicht scheinen, aber es ist wichtig, dass die Luft gut zirkuliert. Mit einem großen, feinmaschigen Sieb abdecken, um die Fische vor Fliegen und Katzen zu schützen, und 3–4 Stunden trocknen lassen. Zuerst die Innenseite trocknen. Wenn sich ihre Oberfläche trocken anfühlt, die Fische wenden und die Hautseite trocknen. Die Oberfläche sollte trocken sein, das Fleisch jedoch weich bleiben. Getrocknete Bastardmakrelen können in Frischhaltefolie eingewickelt 4–5 Tage im Kühlschrank aufbewahrt werden.

Die Fische bei mittlerer bis schwacher Hitze grillen: zuerst die Hautseite, bis das Fleisch weiß wird, dann die andere Seite. Zur Zubereitung in der Pfanne ein Stück Backpapier auf den Pfannenboden legen und die Bastardmakrelen bei mittlerer Hitze braten.

TIPP

Diese Zubereitung funktioniert auch mit anderen Fischen: Seezungen, Makrelen, Barrakudas und sogar mit Kalmaren. Wichtig ist nur, dass die inneren Organe und die Kiemen entfernt werden. Man kann auch filetierten Fisch trocknen.

Die Zubereitungsweise konserviert den Fisch, aber beliebt sind Himono vor allem wegen des guten Geschmacks. Er entsteht, weil sich durch den Wasserverlust beim Trocknen die Aminosäuren im Fischfleisch konzentrieren. Wenn Sie fangfrischen Fisch bekommen und das Wetter schön ist, sollten Sie dieses Rezept ausprobieren.

Süß-salzige Zubereitung mit Mirin

4 Sardinen, filetiert (S. 178 oder vom Händler filetieren lassen), wie auf dem Foto aufgeklappt

100 ml Sojasauce

100 ml Mirin

gerösteter Sesam

Den Fisch abspülen und mit Küchenpapier gut abtupfen. In einer Schüssel, in die die Fische gut eingetaucht werden können, Sojasauce und Mirin mischen. Die Sardinen in diese Lake legen und 1 Stunde bei Zimmertemperatur marinieren lassen, dabei die Fische nach 30 Minuten wenden. Die Sardinen aus der Lake nehmen und auf beiden Seiten mit geröstetem Sesam bestreuen.

Zum Trocknen (etwa 1 Stunde) wie bei den Bastardmakrelen vorgehen. Getrocknete Sardinen können in Frischhaltefolie eingewickelt 4–5 Tage im Kühlschrank aufbewahrt werden.

Gegrillt werden die Sardinen wie die Bastardmakrelen, aber bei schwacher Hitze, da Mirin leicht verbrennt.

TIPP

Man kann diese Lake auch für Bastardmakrelen oder andere kleine Makrelenarten verwenden.

Ikameshi

(MIT KLEBREIS GEFÜLLTE KALMARE)

いか飯

Für 4 Personen
Vorbereitung: 30 Min.
Einweichzeit: 1 Std.
Garzeit: 45 Min.

90 ml Klebreis *

1 TL Sojasauce

1 TL Sake

1 frischer Shiitake (oder anderer Pilz), fein gehackt

4 Kalmare (à 150–200 g)

Brühe

450 ml Dashi (S. 166)

2 EL Sojasauce

2 EL Sake

3 EL Mirin

1 TL Rohrohrzucker

** Bitte zum Abmessen die Skala für Flüssigkeiten auf dem Messbecher verwenden.*

Den Klebreis waschen und 1 Stunde in der dreifachen Menge Wasser einweichen, dann abtropfen lassen. Sojasauce, Sake und gehackten Shiitake zugeben und mischen.

Die Kalmare säubern: Die Tube vom Kopf lösen, indem man den Kopf unter den Augen festhält und vorsichtig daran zieht. Das durchsichtige Innere aus der Tube entfernen. Die Tentakel direkt unter den Augen abschneiden und den harten Schnabel entfernen. Tuben und Tentakel waschen, dabei die dunkle Haut der Tuben abstreifen. Gut abtupfen. Die Kalmarmäntel mit dem Klebreis füllen, jedoch zu höchstens 60 %, weil der Reis beim Kochen aufquillt. Mit einem Zahnstocher verschließen.

Einen großen Topf wählen – die Kalmare dürfen sich ein wenig berühren, aber nicht aufeinanderliegen. Alle Zutaten für die Brühe in den Topf geben und die gefüllten Kalmartuben (nicht die Tentakel) hineinlegen. Zum Kochen bringen, den Schaum abschöpfen und auf niedrigste Temperatur herunterschalten. Einen Deckel, der kleiner als der Durchmesser des Topfes ist, direkt auf die Tintenfische legen (oder eine Alufolie mit mehreren Löchern auf die Wasseroberfläche legen, um die Tintenfische zu bedecken). Die Tuben etwa 40 Minuten kochen, dann den Deckel abnehmen und die Tentakel hinzufügen. Die Sauce 5 Minuten lang einkochen lassen.

Zum Servieren jeden der Ikameshi in vier oder fünf Stücke schneiden, mit etwas Sauce übergießen und genießen.

TIPP

Die Technik des »fallenden Deckels« oder *otoshi-buta* bewirkt, dass die Kalmare schön gleichmäßig garen. Zu den Kalmaren serviere ich gern gedämpften Spinat.

Bento mit Fisch

鮭海苔弁

Für 4 Personen
Vorbereitung: 40 Min.
Ruhezeit: 1 Std.
Garzeit: 20 Min.

4 Umeboshi
8 Scheiben eingelegter Shiokōji-Rettich (S. 96)

Nori-okaka gohan (Reis mit Katsuobushi und Nori)

gekochter Reis für 4 Personen (S. 56)
1 Handvoll Katsuobushi (getrockneter Thunfisch)
4 TL Sojasauce
2 Nori-Blätter, halbiert

Grüne Bohnen

20 grüne Bohnen
2 TL Sojasauce
½ TL Rohrohrzucker
1 EL gerösteter Sesam

Die grünen Bohnen in einem Topf mit kochendem Salzwasser in 1–2 Minuten bissfest garen. Herausnehmen und halbieren, in einer Schüssel mit Sojasauce, Zucker und Sesam mischen.

In Shiokōji marinierter Lachs

4 Lachssteaks mit Haut (à 120 g; Bio)
4 EL Shiokōji (S. 98)
1 TL Sonnenblumenöl

Die Lachssteaks in eine Schüssel legen und mit der Shiokōji einpinseln. Für mindestens 1 Stunde in den Kühlschrank stellen, dann mit Küchenpapier abtupfen. Das Öl in einer Pfanne verteilen und erhitzen. Die Lachssteaks darin bei mittlerer bis schwacher Hitze 4–5 Minuten von der Hautseite braten, wenden und weitere 2–3 Minuten braten.

Tamagoyaki (Japanisches Omelett)

3 Eier
1 TL Rohrohrzucker
½ TL Sojasauce
2 Halme Schnittlauch, fein gehackt
1 TL geschmacksneutrales Pflanzenöl

Die Eier in einer Schüssel gut verrühren, Zucker, Sojasauce und Schnittlauch mit einer Gabel einrühren. Das Öl in einer heißen Pfanne (Ø 20–22 cm) verteilen, überschüssiges Öl mit Küchenpapier wegwischen. Ein Viertel des Eierteigs hineingießen und verteilen. Das fertig gebackene, aber noch nicht ganz trockene Omelett zu einer Seite der Pfanne rollen. Erneut ein Viertel des Teigs in die Pfanne gießen und verteilen, auch unter die erste Rolle laufen lassen. Wenn es fertig gebacken, aber die Oberseite noch nicht ganz trocken ist, das erste Omelett in das zweite einrollen und zur Seite schieben. Den Vorgang wiederholen, um vier dünne Omeletts zu erhalten, die umeinander gewickelt sind. Auf eine Bambus-Maki-Matte schieben und zu einer schönen quadratischen Rolle formen. 1 Minute ruhen lassen, dann die Matte entfernen und das Omelett in Achtel schneiden.

Bentos zusammenstellen

Alle Gerichte auf vier Bento-Boxen verteilen: Den gekochten, noch warmen Reis auf den Boden der Box geben, mit Katsuobushi bestreuen, mit 1 TL Sojasauce beträufeln und ein Stück Nori darauflegen. Den Reis vollständig abkühlen lassen, dann Lachs, zwei Scheiben Rettich, eine Umeboshi, zwei Scheiben Tamagoyaki und grüne Bohnen darauflegen.

TIPP

Ein Bento ist ein Gericht zum Mitnehmen, das man mehrere Stunden nach der Zubereitung isst. Alle Zutaten müssen gut abgekühlt sein, bevor sie in die Box gefüllt werden, weil sich sonst Bakterien ansiedeln können. Da kalter Reis schwer zu handhaben ist, breitet man ihn aus, wenn er noch warm ist, und lässt ihn in der Dose abkühlen. Echte Umeboshi sollen dazu beitragen, die Vermehrung von Bakterien zu verhindern.

Dreizehn Jahre lang hat mir meine Mutter jeden Tag ein Bento für die Schule zubereitet. Was für eine Arbeit! Jeden Tag wartete ich ungeduldig auf die Mittagszeit. Für mich symbolisiert die Bento-Box Glück und Liebe. Heute macht es mir große Freude, Bentos für mich und meine Familie vorzubereiten.

Panierte, frittierte Austern

カキフライ

Für 4 Personen
Vorbereitung: 20 Min.
Garzeit: 2–3 Min.

24 Austern (Größe 2)

Öl zum Frittieren

4–6 Blätter Spitzkohl, fein gehackt

½ Zitrone, geviertelt

Tonkatsu-Sauce (oder Worcestersauce)

Sauce tartare

4 EL Sojamayonnaise (S. 139; oder klassische Mayonnaise)

2 kleine Cornichons, gehackt

1 EL gehackte rote Zwiebel

1 TL gehackter Dill

1 TL Zitronensaft

Pfeffer

Zum Panieren

12 EL Mehl

40 g Panko

Die Austern öffnen, aus der Schale nehmen und auf Küchenpapier legen, um das überschüssige Wasser zu entfernen.

Für die Sauce tartare alle Zutaten in einer kleinen Schüssel verrühren.

Drei Teller zum Panieren vorbereiten: Auf einen 6 EL Mehl geben, auf dem zweiten 6 EL Mehl mit 100 ml Wasser verrühren, auf den dritten Panko geben. Jede Auster zuerst in Mehl, dann in der Mehl-Wasser-Mischung und schließlich in Panko wenden. Auf einen Teller legen.

In eine Pfanne 3 cm Frittieröl geben und auf 170–180 °C erhitzen. Die Austern im heißen Fett 2–3 Minuten frittieren, dabei gelegentlich wenden. Auf Küchenpapier gut abtropfen lassen. Sofort mit Kohl, Zitrone, Tonkatsu-Sauce und Sauce tartare servieren.

Sardinen filetieren

鰯の手開き

Die Sardinen unter fließendem kaltem Wasser mit dem Daumen schuppen, Kopf und Innereien entfernen. Das Innere gründlich waschen.

Mit dem Daumen an der Mittelgräte entlangfahren, um den Körper der Sardine aufzuklappen. Den Daumen unter die Mittelgräte schieben, dann vom Kopf zum Schwanz und wieder zurück fahren **(A–B)**.

Die Mittelgräte kurz vor dem Schwanz abbrechen und vorsichtig entfernen **(C–D–E)**. (Wer mag, bewahrt die Gräten für das Rezept auf S. 182 auf).

Die Filets zwischen zwei Blättern Küchenpapier abtupfen.

Die Haut der Sardinen vorsichtig vom Kopf zum Schwanz abziehen.

Die Filets in den Kühlschrank stellen.

A

B

C

D

E

Sashimi-Röllchen mit Sardinen

鰯のレタス巻き

Für 4 Personen
Vorbereitung: 20 Min.
Ruhezeit: 10 Min.

12 mittelgroße Sardinen, filetiert (S. 178 oder vom Händler filetieren lassen) *

1 Lauchstange (nur der weiße Teil)

12 Blätter Kopfsalat (oder Eichblattsalat)

12 Shiso-Blätter

einige Stängel Kräuter (z. B. Schnittlauch, Dill, Koriander, Minze)

¼ rote Zwiebel

½ Karotte

2 Prisen Salz

Saft von ⅛ Zitrone

gekochter Reis (nach Belieben)

Sauce

2 EL braunes oder rotes Miso

1 EL Gochujang (koreanische Chilisauce)

1 EL Rohrohrzucker

1 EL Mirin

2 EL Sesamöl aus geröstetem Sesam

2 TL Sojasauce

1 EL Sesam

1 Stück Ingwer (2,5 cm), gehackt

½ Knoblauchzehe, gerieben

3 cm vom weißen Teil einer Lauchstange, fein gehackt

** Fragen Sie beim Fischhändler nach, ob der Fisch so frisch ist, dass man ihn bedenkenlos roh essen kann.*

Die Sardinenfilets mit Küchenpapier abtupfen und die Haut vorsichtig vom Kopf zum Schwanz abziehen. In mundgerechte Stücke schneiden, auf einen Teller legen, abdecken und in den Kühlschrank stellen.

Das Weiße vom Lauch zuerst in 3 cm lange Stücke, dann längs in sehr feine Streifen schneiden. Für 10 Minuten in eine Schüssel mit Wasser legen, danach gut abtropfen lassen. Salat, Shiso und die anderen Kräuter waschen und trocken schleudern. Die Zwiebel längs in dünne Streifen schneiden, für 10 Minuten in eine Schüssel mit Wasser legen, abtropfen lassen. Die Karotte schälen und in sehr feine Stifte schneiden, in eine Schüssel geben und mit Salz und Zitronensaft vermengen. Alle Zutaten in Schälchen füllen.

Die Zutaten für die Sauce in einem Schälchen verrühren.

Alle Zutaten auf den Tisch stellen, sodass sich jeder sein eigenes Sashimi zubereiten kann: Ein Salatblatt in die Hand nehmen, Kräuter und andere Zutaten nach Wahl und 1 TL Sauce darauf geben. Wer möchte, gibt noch etwas gekochten Reis auf das Blatt. Das Salatblatt aufrollen und alles in den weit geöffneten Mund schieben.

Das ist mein Lieblingsgericht mit Sardinen. Wenn ich nach Japan zurückkomme und meine Mutter mich fragt, was ich essen möchte, bitte ich sie immer, es für mich zuzubereiten. Das Rezept ist von der koreanischen Küche inspiriert. Die Aromen von Kräutern, Fisch und süß-scharfer Sauce bilden eine wahre Explosion im Mund: köstlich und sehr erfrischend!

TIPP

Sie können auch anderen sehr frischen Fisch verwenden: Bastardmakrele, Bonito, Dorade und sogar Austern.

VEGANE VERSION

Statt Sardinen eine Aubergine verwenden, die längs halbiert und dann in 7 mm dicke Scheiben geschnitten wird. 1 EL Öl in einer Pfanne verteilen und die Auberginenscheiben darin von beiden Seiten braten. Mit 1 Prise Salz bestreuen und abkühlen lassen.

Frittierte Sardinengräten

イワシの骨の唐揚げ

Vorbereitung: 5 Min.
Trockenzeit: 1–2 Std.
Garzeit: 5 Min.

Sardinengräten (vom Filetieren, S. 178)

Öl zum Frittieren

Salz

Chilipulver (nach Belieben)

Die Gräten abspülen und eventuell verbliebenes Fleisch entfernen. Bis zum Schwanz gut mit Küchenpapier abtupfen und 1–2 Stunden trocknen lassen, damit sie knusprig werden.

In eine tiefe Pfanne 3 cm Öl geben und auf 170 °C erhitzen. Die Sardinengräten unter gelegentlichem Wenden portionsweise frittieren, bis sie knusprig und goldbraun sind. Wenn die Blasen, die aus den Gräten aufsteigen, ganz klein werden, die Temperatur auf 180 °C erhöhen und die Gräten weitere 10 Sekunden frittieren. Auf Küchenpapier abtropfen lassen und mit Salz und Chili bestreuen.

TIPP

Wenn Sie Sardinen selbst filetieren (Anleitung auf S. 178), müssen Sie dieses Rezept unbedingt ausprobieren. Es klingt seltsam, vielleicht sogar befremdlich, aber Sie werden feststellen, dass das Ergebnis superlecker ist. Es ist ein gutes Beispiel für die No-Waste-Kultur der Japaner, außerdem sind die Gräten reich an Kalzium. In meiner Kindheit habe ich frittierte Gräten sehr geliebt. Wenn ich sie heute Gästen vorsetze, sind sie meistens zuerst erschrocken. »Kann man die wirklich essen?« Aber nach dem ersten Bissen verändert sich ihr Gesichtsausdruck völlig und sie sagen zu mir: »Oh ja, die sind sehr lecker!«

Oden

(FEUERTOPF MIT SARDINENBÄLLCHEN)

おでん

Für 4 Personen
Vorbereitung: 30 Min.
Ruhezeit: 2 Std.
Garzeit: 1 Std. 15 Min.

1 TL Salz

10 Venusmuscheln

200 g weißer Rettich

1 EL japanischer Reis

4 kleine Kartoffeln

2 Knollen Topinambur

½ Kästchen Kresse (oder 1 Handvoll Rucola)

Mochi kinchaku (Mochi-Beutel)

2 Aburaage (frittierte Tofutaschen)

2 Kiri Mochi (getrocknete Reiskuchen)

Sardinenbällchen

8 Sardinenfilets (S. 178 oder vom Händler filetieren lassen)

3 cm vom weißen Teil einer Lauchstange

1 Stück Ingwer (2,5 cm)

1 TL Sojasauce

½ TL Salz

1 Prise Rohrohrzucker

1 EL Kartoffelstärke (oder Maisstärke)

Suppe

1,5 l Dashi (S. 166; oder vegane Shojin-Dashi, S. 122)

60 ml Sojasauce

60 ml Mirin

1 EL Zucker

Salz

Zum Servieren

Schale von 1 Bio-Yuzu, gehackt

1 Frühlingszwiebel, gehackt

Karashi (japanischer Senf)

Das Salz in 200 ml Wasser auflösen und die Venusmuscheln für 2–3 Stunden hineinlegen.

Den weißen Rettich schälen und in 3 cm dicke Scheiben schneiden, dann die Scheiben halbieren. Die Kanten mit dem Messer leicht abrunden. Die Rettichstücke mit 1 EL japanischem Reis in einen Topf geben (der Reis neutralisiert die Bitterstoffe des Rettichs) und vollständig mit kaltem Wasser bedecken. Aufkochen lassen und 30 Minuten bei mittlerer bis schwacher Hitze kochen. Abtropfen lassen und abspülen.

Die Kartoffeln schälen. Den Topinambur schälen und halbieren. Die Kresse waschen und trocken schleudern.

Für den Mochi kinchaku die Aburaage in einem Topf mit kochendem Wasser 1 Minute kochen, um das überschüssige Öl zu entfernen. Abkühlen lassen, dann vorsichtig zwischen den Händen ausdrücken. Die Aburaage halbieren und vorsichtig öffnen, sodass vier Taschen entstehen. Wenn sie schwer zu öffnen sind, vorsichtig mit einem Nudelholz über die Aburaage fahren. Beide Mochis halbieren und ein Stück in jede Aburaage-Tasche legen. Mit einem Zahnstocher verschließen, sodass vier Beutel entstehen.

Alle Zutaten für die Sardinenbällchen mit einem Stabmixer pürieren. Mit den Händen acht Bällchen formen (Hände leicht einölen, damit die Mischung nicht an den Fingern klebt). Die Bällchen im Kühlschrank aufbewahren.

Alle Zutaten für die Suppe in einen großen Topf geben. Zum Kochen bringen. Rettich, Kartoffeln und Topinambur zugeben. Zugedeckt bei mittlerer bis schwacher Hitze 15 Minuten kochen, bis die Kartoffeln gar sind. Die Sardinenbällchen zugeben und 10 Minuten bei mittlerer bis schwacher Hitze mitgaren. Mochi kinchaku hinzufügen und die Suppe weitere 10 Minuten köcheln lassen.

Kurz vor dem Verzehr die Venusmuscheln und die Kresse hinzufügen. Den Topf auf den Tisch stellen, mit Yuzu-Schale und Frühlingszwiebeln bestreuen. Dazu Karashi servieren.

TIPP

Die Sardinenbällchen lassen sich sehr gut einfrieren.

Lachs mit Pilzen

IN FOLIE GEGART

鮭のホイル焼き

Für 4 Personen
Vorbereitung: 10 Min.
Ruhezeit: 30 Min.
Garzeit: 15 Min.

4 Lachssteaks mit Haut (à 125 g; Bio)

2 Prisen Salz

2 Prisen Rohrohrzucker

100 g Enokipilze (alternativ Austernpilze oder Champignons)

100 g frische Shiitake

1 Zwiebel

1 EL Sojasauce

1 EL natives Olivenöl extra

1 EL Sake

Pfeffer

Zum Servieren

Fleur de sel

1 Frühlingszwiebel, in dünne Ringe geschnitten

1 Zitrone, geviertelt

Die Lachssteaks mit Salz und Zucker bestreuen. 30 Minuten im Kühlschrank ruhen lassen, dann die Oberfläche vorsichtig mit Küchenpapier abtupfen. Die Stiele der Pilze abschneiden. Enokipilze grob zerpflücken, Shiitake vierteln. Die Zwiebel schälen und in 7 mm dicke Ringe schneiden.

Den Backofen auf 200 °C vorheizen. Vier Stücke Aluminiumfolie (30 × 30 cm) vorbereiten. Die Zwiebelringe auf den Folien verteilen. Die Lachssteaks auflegen und die Pilze darauf verteilen. Mit Sojasauce, Olivenöl und Sake beträufeln und mit Pfeffer würzen. Die oberen und unteren Ränder der Folie über Fisch und Gemüse klappen, dann die Seiten zusammennehmen und mehrmals umfalten, um die Päckchen fest zu verschließen. 15 Minuten im Backofen garen.

Die Päckchen öffnen. Lachs und Pilze mit etwas Fleur de sel und einigen Frühlingszwiebelringen bestreuen und mit einem Zitronenviertel garniert servieren.

Tempura

MIT FISCH, AUSTERN UND PILZEN

白身魚の天ぷら

Für 4 Personen
Vorbereitung: 25 Min.
Garzeit: 3–5 Min.

300 g weißes Fischfilet ohne Gräten (z. B. Rotbarbe wie auf dem Foto, wilde Seebrasse, Köhler, Seeteufel)

Salz

150 g Austernpilze

6 Austern (Größe 2)

Öl zum Frittieren

Tempura-Teig

30 g Mehl

70 g Maisstärke

130 ml eiskaltes Mineralwasser mit Kohlensäure

Sauce

90 ml Mentsuyu (S. 14)

150 ml Wasser

1 TL Rohrohrzucker

Zum Servieren

40 g weißer Rettich, geschält und geraspelt

1 Stück Ingwer (5 cm), gerieben

Salz

½ TL Szechuanpfeffer, zerstoßen

½ Zitrone, geviertelt

Den Fisch in große Stücke schneiden. Mit 1 kleinen Prise Salz bestreuen. Etwas Salz über die Austernpilze streuen. Die Austern öffnen und aus der Schale lösen. Fisch, Austernpilze und Austern vorsichtig mit Küchenpapier abtupfen.

Für den Tempura-Teig Mehl und Maisstärke in einer Schüssel mischen. Das Mineralwasser zugießen und gut verrühren.

In einen großen Topf 3 cm Frittieröl geben und auf 170 °C erhitzen.

In der Zwischenzeit alle Zutaten für die Sauce mit 150 ml Wasser verrühren und auf vier kleine Schüsseln verteilen.

Fischstücke, Austernpilze und Austern in den Tempura-Teig tauchen und 3–5 Minuten frittieren, dabei gelegentlich wenden. Auf Küchenpapier abtropfen lassen.

Weißen Rettich und Ingwer zu den Tempura servieren, außerdem Salz, Szechuanpfeffer und etwas Zitronensaft.

Die Tempura vor dem Verzehr in die Sauce tauchen.

VEGANE VERSION

In Tempura-Teig können Sie fast alles frittieren, was Sie mögen: Aubergine, Spargel, Zwiebeln, jede Art von Pilzen usw.

肉

FLEISCH

Brathähnchen mit Zitronengras

GEFÜLLT MIT REIS UND PILZEN

鶏の丸焼き

Für 4–6 Personen
Vorbereitung: 40 Min.
Marinade: 5 Std. oder über Nacht
Garzeit: 2 Std. 15 Min.

1 Brathähnchen (1,2–1,5 kg; Bio)

1 EL Olivenöl

Lake

25 g Salz

25 g Rohrohrzucker

2 Halme Zitronengras, in dünne Scheiben geschnitten

1 Stück Ingwer (4 mm), in 2 dünne Scheiben geschnitten

1 Knoblauchzehe, in Scheiben geschnitten

10 Szechuan-Pfefferkörner

Reis

70 g Champignons

2 EL Sonnenblumenöl

1 Stück Ingwer (2,5 cm), gehackt

1 Knoblauchzehe, gehackt

½ Zwiebel, fein gehackt

180 ml japanischer Reis, * gewaschen (S. 56) und abgetropft

1 EL Klebreis (nach Belieben)

6 gegarte Maronen (nach Belieben)

200 ml Brühe (oder Wasser)

½ EL Nuoc Mam

1 EL Mirin

1 TL Sojasauce

Pfeffer

Gemüse

2 Kartoffeln

4 Karotten

2 kleine Mairüben

2 kleine Rote Bete

4 junge Zwiebeln

2 Halme Zitronengras

1 EL Olivenöl

1 TL Salz, Pfeffer

Sauce

Garflüssigkeit vom Hähnchen

2 EL Sojasauce

Das Hähnchen ausnehmen, waschen und das Innere mit Küchenpapier abtupfen.

Für die Lake 500 ml Wasser in eine Schüssel geben, Salz und Zucker darin unter Rühren vollständig auflösen. Die restlichen Zutaten hinzufügen. Hähnchen und Lake in einen ausreichend großen und stabilen Gefrierbeutel geben, die Luft herausdrücken und den Beutel fest verschließen. In eine Schüssel legen und für mindestens 5 Stunden oder über Nacht zum Marinieren in den Kühlschrank legen.

Für den Reis die Champignons putzen und in gleich große Stücke schneiden. Öl, Ingwer, Knoblauch und Zwiebel in einem Topf bei mittlerer Hitze anschwitzen. Wenn die Mischung zu duften beginnt, die Pilze hinzufügen und 1 Minute mitbraten. Reis und Maronen zugeben und gut umrühren. Mit der Brühe aufgießen, Nuoc Mam, Mirin, Sojasauce und etwas Pfeffer hinzugeben und garen. Alternativ den Reis in einem Reiskocher kochen (S. 56). Danach abkühlen lassen.

Kartoffeln, Karotten, Rüben und Rote Bete schälen (Biogemüse evtl. nur kräftig abbürsten) und halbieren (Karotten der Länge nach). Die Zwiebeln schälen. Das Gemüse mit Zitronengras, Olivenöl, Salz und Pfeffer in einer Schüssel mischen.

Das Hähnchen aus der Lake nehmen und mit Küchenpapier abtupfen. Den Backofen auf 200 °C vorheizen. Das Huhn mit dem Pilzreis füllen. Zum Verschließen die Beine mit Küchengarn zusammenbinden. Das Hähnchen mit 1 EL Olivenöl einpinseln.

Hähnchen und Gemüse in eine ofenfeste Form legen und vollständig mit Alufolie abdecken. 1 Stunde im Ofen garen, dann das Hähnchen mit dem ausgetretenen Saft übergießen und weitere 40–50 Minuten garen.

Wenn das Hähnchen aus dem Ofen kommt, den Bratensaft auffangen und mit der Sojasauce verrühren. Das Hähnchen und das Gemüse mit der Sauce servieren.

** Bitte zum Abmessen die Skala für Flüssigkeiten auf dem Messbecher verwenden.*

Kara-age

(FRITTIERTES HÄHNCHEN MIT SÜSS-SCHARFER SAUCE)

鶏の唐揚げピリ辛ソース

Für 4 Personen
Vorbereitung: 15 Min.
Ruhezeit: 1 Std.
Garzeit: 6 Min.

600 g Hähnchenkeulen (ohne Knochen; Bio)

3 EL Mehl

3 EL Maisstärke

Öl zum Frittieren

Marinade

6 EL Sake

1 Knoblauchzehe, gerieben

1 Stück Ingwer (2,5 cm), gerieben

1 TL feines Meersalz

1 TL Rohrohrzucker

1 TL Sesamöl aus geröstetem Sesam

Pfeffer

Sauce

2 EL Sojasauce

1 EL Aprikosenkonfitüre (oder Orangenmarmelade)

1 EL Sesamöl aus geröstetem Sesam

½ EL braunes oder rotes Miso

1 EL Mirin

½ Knoblauchzehe, gehackt

1–2 TL Chilipulver

1 EL Reisessig

2 cm vom weißen Teil einer Lauchstange, fein gehackt

Jede Hähnchenkeule in etwa sechs Stücke schneiden (das obere Teil in vier Teile, das untere in zwei).

Die Zutaten für die Marinade in einer Schüssel gut verrühren. Die Hähnchenteile hineinlegen, die Marinade leicht einmassieren, dann für 1 Stunde zur Seite stellen.

Alle Zutaten für die Sauce in einer Schüssel verrühren und zu Seite stellen.

Mehl und Maisstärke auf einem Teller verrühren. Die Hähnchenstücke in der Mischung wenden. In eine Pfanne mit hohem Rand 3 cm Frittieröl geben und auf 170 °C erhitzen. Die Hähnchenteile darin etwa 4 Minuten lang braten. Dann die Temperatur auf 180 °C erhöhen und alles weitere 2 Minuten braten. Zur Garprobe das Fleisch mit einem spitzen Messer anstechen: Es ist fertig, wenn der austretende Fleischsaft klar ist.

Mit etwas Sauce übergießen und servieren.

TIPP

Verwenden Sie unbedingt Hähnchenkeulen, denn ihr Fett und ihre Haut machen das Gericht schön saftig. Hähnchenbrust ist zu mager und wird leicht trocken. Biogeflügel aus Freilandhaltung schmeckt besonders gut.

VEGANE VERSION

Statt Hähnchenfleisch große Stücke eingeweichtes Sojaprotein oder Seitan marinieren und wie oben zubereiten.

Bento mit Fleisch

鶏の生姜蜂蜜唐揚げ弁当

肉

Für 4 Personen
Vorbereitung: 1 Std.
Garzeit: 25 Min.

Karotte kinpira (S. 127)

Kartoffelsalat (S. 136)

Onigiri

gekochter Reis für 4 Personen (S. 56)

Nameshi: 35 g grüne Blätter mit Stielen (von Rüben, Rettich oder Grünkohl), ½ TL Salz (zum Kochen), 1 kleine Prise Salz, ½ EL gerösteter Sesam

Kirschblüten: 12 Kirschblüten in Salz (S. 116)

Aus der Hälfte der Reismenge vier kleine Onigiri nameshi zubereiten (S. 74).
Aus dem restlichen Reis vier kleine Onigiri mit Kirschblüten zubereiten. Dazu die Kirschblüten für 2 Minuten in Wasser legen, um das Salz zu entfernen. Vorsichtig mit Küchenpapier abtupfen. Mit dem Reis mischen und die Onigiri formen (S. 72).

Radieschen mit Salz

4 Radieschen in verschiedenen Farben

Die Radieschen halbieren und mit etwas Salz bestreuen.

Blanchierte Kohlblüten (nach Belieben)

1 TL geschmacksneutrales Pflanzenöl

1 Handvoll Kohlblüten (alternativ Blüten von Brokkoli, Grünkohl oder Mangold)

Das Öl in einen Topf mit kochendem Salzwasser geben. Die Blüten hinzufügen. 1 Minute blanchieren, dann abtropfen lassen und mit der Hand ausdrücken.

Kara-age mit Honig und Ingwer

600 g Hähnchenkeulen (ohne Knochen; Bio)

3 EL Sake

1 TL feines Meersalz

4 EL Sojasauce

3 EL Honig

1 Stück Ingwer (5 cm), gerieben

3 EL Mehl

3 EL Maisstärke

Öl zum Frittieren

Pfeffer

Jede Hähnchenkeule in etwa sechs Stücke schneiden. Sake und Salz in einer Schüssel zu einer Marinade verrühren. Die Hähnchenteile hineinlegen, die Marinade etwas einmassieren und alles 1 Stunde beiseitestellen.
Für die Sauce Sojasauce, Honig und Ingwer in einer Schüssel verrühren.
Mehl und Maisstärke auf einem Teller mischen. Die Hähnchenstücke darin wenden. In einer Pfanne mit hohem Rand 3 cm Frittieröl auf 170 °C erhitzen. Die Hähnchenteile darin 4 Minuten braten. Dann die Temperatur auf 180 °C erhöhen und alles weitere 2 Minuten braten. Zur Garprobe das Fleisch mit einem spitzen Messer anstechen: Es ist fertig, wenn der austretende Fleischsaft klar ist. Das noch warme Fleisch mit der Sauce mischen. Mit Pfeffer bestreuen.

Gebratene Schwarzwurzeln

2 kleine Schwarzwurzeln

2 TL Sojasauce

1 TL Mirin

1 TL Reisessig

1 TL Sesamöl aus geröstetem Sesam

Die Schwarzwurzeln schälen und in 3 cm lange Stücke schneiden. In einem Topf mit leicht gesalzenem Wasser in 5 Minuten bissfest garen. Abgießen und abtropfen lassen. Die restlichen Zutaten in einen kleinen Topf geben, bei mittlerer Hitze erwärmen und die Schwarzwurzeln dazugeben. Unter Rühren köcheln lassen, bis die Sauce verdampft ist, dann den Herd ausschalten.

Bento

Alle Elemente vollständig abkühlen lassen. Dann wie auf dem Foto in vier Bento-Boxen legen und etwas andrücken, damit sie beim Transport nicht verrutschen.

TIPP

Bento ist eine Mahlzeit zum Mitnehmen, die man mehrere Stunden nach der Zubereitung isst. Es ist wichtig, dass alle Gerichte vollständig abgekühlt sind, bevor man sie in die Bento-Box gibt – so beugt man der Vermehrung von Bakterien vor.

Schweinebauch mit weichem Ei

豚の角煮

Für 4 Personen
Vorbereitung: 20 Min.
Garzeit: 2½ Std.

4 Eier (Bio), zimmerwarm

800 g Schweinebauch (Bio)

Erster Kochgang

1 Lauchstange (nur der grüne Teil)

4 dünne Scheiben Ingwer

1 Knoblauchzehe

Zweiter Kochgang

400 ml Kochsud vom ersten Kochgang

100 ml Sake

3 EL Sojasauce

4 EL Mirin

1 EL Rohrohrzucker

2 dünne Scheiben Ingwer

Zum Servieren

10 cm vom weißen Teil einer Lauchstange

etwas japanischer Senf

Die Eier in einem Topf mit kochendem Wasser 4 Minuten kochen. Dann unter fließendem kaltem Wasser abschrecken, pellen und zur Seite stellen.

Den Schweinebauch und alle Zutaten für den ersten Kochgang in einen großen Topf geben. Mit Wasser aufgießen, bis das Schweinefleisch bedeckt ist. Zum Kochen bringen und 1 Stunde bei mittlerer bis schwacher Hitze köcheln lassen. Dabei den Deckel so auflegen, dass ein kleiner Spalt bleibt. Von Zeit zu Zeit etwas Wasser nachgießen, damit das Fleisch immer bedeckt ist.

Den Kochsud abgießen und aufbewahren. Den Topf ausspülen und das Schweinefleisch wieder hineinlegen.
Alle Zutaten für den zweiten Kochgang hinzufügen. Zum Kochen bringen und abgedeckt 50 Minuten bei schwacher Hitze köcheln lassen. Den Deckel abnehmen und alles bei mittlerer Hitze weitere 30 Minuten garen.

Den Herd ausschalten, die Eier hinzufügen und abkühlen lassen.

Vor dem Verzehr das Gericht bei schwacher Hitze wieder aufwärmen. Den weißen Teil der Lauchstange in feine Streifen schneiden und über den Schweinebauch geben. Den Senf dazu servieren.

TIPP

Durch das Abkühlen und erneute Erhitzen nimmt das Schweinefleisch die Aromen besonders gut auf. Das Gericht kann daher auch gut am Vortag zubereitet werden.

Entenfondue mit Kresse

鴨とクレソンの鍋

Für 4 Personen
Vorbereitung: 20 Min.
Garzeit: 10 Min.
+ Garzeit am Tisch

600 g Entenbrust (Bio)

1 Kästchen Kresse

6 große Shiitake

120–240 g getrocknete Soba-Nudeln (je nach Appetit)

Brühe

1 l Dashi (S. 166), plus 400 ml zum Nachgießen während des Garens am Tisch

1 EL Mirin

1 EL Sojasauce

1 TL Salz

Beilagen

5 cm weißer Rettich, geraspelt

4 Stücke Schale von Bio-Yuzu (oder Bergamotte; nach Belieben)

2 Frühlingszwiebeln, in dünne Ringe geschnitten

Ponzu (S. 139)

Außerdem

Fondue-Rechaud

Die Entenbrust in 1 cm dicke Scheiben schneiden. Die Kresse waschen. Die Stiele der Shiitake entfernen und die Pilzköpfe in 2 cm dicke Scheiben schneiden. Die Soba-Nudeln in einem Topf mit kochendem Wasser 1 Minute kürzer kochen, als auf der Packung angegeben. Die Nudeln in ein feinmaschiges Sieb abgießen und gut abspülen, dabei mit der Hand unter fließendem Wasser abreiben, bis die Stärkeschicht entfernt ist. Die Nudeln mit der Hand leicht ausdrücken. Entenbrustscheiben, Kresse und Shiitake auf vier Teller verteilen.

Alle Zutaten für die Brühe in einen Topf geben und auf dem Rechaud auf den Tisch stellen. Jeder gart in seinem eigenen Tempo die Zutaten seiner Wahl und nimmt sich Brühe in einer separaten Schüssel. Mit weißem Rettich, Yuzu-Schale, Frühlingszwiebelringen und Ponzu oder Sauce (siehe Tipp) garnieren. Am Ende des Fondues die Soba-Nudeln in die restliche Brühe legen, 1 Minute durchwärmen und genießen.

TIPP

Wenn Sie keine Ponzu im Haus haben, können Sie alternativ auch eine andere Sauce servieren. Vermischen Sie dafür in einem Schälchen 60 ml Sojasauce mit 40 ml Reisessig und 20 ml Mirin.

Als shimé (Abschluss) bezeichnet man es, wenn man am Ende des Fondues eine kohlenhydrathaltige Zutat in den Topf gibt, beispielsweise gekochten Reis oder gekochte Udon-Nudeln. Diese Zutat nimmt den intensiven Geschmack der Brühe gut an. Manche meinen, dass dies der beste Teil des Fondues ist!

Subuta mit Pflaumen

(SCHWEINEFLEISCH IN SÜSSSAURER SAUCE)

酢

豚

Für 4 Personen
Vorbereitung: 20 Min.
Einweichzeit: 30 Min.
Garzeit: 15 Min.

Würze

1 Knoblauchzehe, gehackt

100 ml schwarzer Essig

4 EL Rohrohrzucker

3 EL Austernsauce

1 EL Sojasauce

1 Prise Salz

2 TL Kartoffelstärke (oder Maisstärke)

Pfeffer

Zum Garnieren

3 cm vom weißen Teil einer Lauchstange

Für das Fleisch

400 g Schweinenacken

1 TL Sojasauce

1 TL Sake

1 TL Sesamöl aus geröstetem Sesam

Pfeffer

4–5 EL Kartoffelstärke (oder Maisstärke)

6 EL Öl zum Braten

Für das Gemüse

½ Zwiebel

1 kleine gelbe Paprika

1 EL geschmacksneutrales Pflanzenöl

12 Trockenpflaumen ohne Stein

Alle Zutaten für die Würze in einer Schüssel gut verrühren.

Für die Garnierung den weißen Teil der Lauchstange in sehr feine Streifen schneiden, für 30 Minuten in eine Schüssel mit Wasser legen, dann gut abtropfen lassen.

Das Schweinefleisch in 3 × 5 cm große und 5 mm dicke Stücke schneiden. Sojasauce, Sake und Sesamöl verrühren und mit den Fingern auf dem Schweinefleisch verteilen. Mit Pfeffer würzen, dann großzügig mit Speisestärke bestreuen. Das Öl in einer Pfanne erhitzen und das Schweinefleisch bei mittlerer Hitze braten, bis es gar und knusprig ist. Beiseitestellen und die Pfanne reinigen.

Die Zwiebel in 3 × 3 cm große Stücke schneiden. Die Paprika entkernen, der Länge nach achteln und die Achtel quer halbieren. Das Öl in der Pfanne auf mittlerer Stufe erhitzen. Zwiebel und Paprika darin 3 Minuten braten, bis sie gar, aber noch knackig sind. Die Schweinefleischstücke und die Trockenpflaumen hinzugeben und mit der Würze übergießen. Weitere 2 Minuten unter Rühren köcheln lassen, bis die Sauce eindickt. Auf einem großen Teller anrichten und mit den Lauchstreifen garnieren.

VEGANE VERSION

Ersetzen Sie das Schweinefleisch durch Medaillons aus eingeweichtem Sojaprotein, Seitan oder festem Tofu (Tofu in 1 cm dicke Stücke schneiden). Für die Würze eine vegetarische Austernsauce verwenden.

Gefüllte Kohlröllchen

ロールキャベツ

Für 4 Personen
Vorbereitung: 30 Min.
Ruhezeit: 2 Std. oder über Nacht
Garzeit: 40 Min.

8 große Blätter Spitzkohl (oder Wirsing)

Füllung

5 g getrocknete Shiitake

2 frische Shiitake (oder andere Pilze), gehackt

350 g Schweinenacken, fein gehackt

60 g gekochter, kalter Reis (alternativ 2 gehäufte EL Semmelbrösel oder Panko)

1 kleine Zwiebel, fein gehackt

1 Stück Ingwer (2,5 cm), gehackt

2 TL Sojasauce

2 TL Mirin

1 TL Sesamöl aus geröstetem Sesam

Pfeffer

Brühe

500 ml Dashi (S. 166)

Einweichwasser von den Shiitake

3 EL Sojasauce

2 EL Mirin

2 EL Sake

Salz

Für die Füllung die getrockneten Shiitake mindestens 2 Stunden (oder über Nacht in einer luftdichten Dose im Kühlschrank) in 200 ml Wasser einweichen. Abtropfen lassen, dabei das Einweichwasser aufbewahren. Die Stiele der frischen Shiitake entfernen, die Köpfe fein hacken. Alle Zutaten für die Füllung in einer Schüssel mischen, gut durchkneten und in den Kühlschrank stellen.

Den Kohl entblättern, ohne die Blätter zu zerbrechen: Den harten Strunk entfernen und Wasser über die Mittelrippe laufen lassen, damit sich die Blätter leichter lösen lassen. Die Kohlblätter nacheinander in einem großen Topf mit kochendem Wasser 2 Minuten blanchieren, herausnehmen und gut abtropfen lassen. Sie sollten weich werden, damit sich sich gut um die Füllung wickeln lassen. Mit einem Messer den harten Teil der Mittelrippe an der Basis des Blattes entfernen.

Ein Kohlblatt mit dem breiten Ende zum Körper auf die Arbeitsfläche legen. Ein Achtel der Füllung auf den unteren Teil des Blattes geben, die Seiten frei lassen. Den unteren Blattrand über die Füllung legen, dann die Seiten einschlagen und das Blatt ganz aufrollen. Mit Zahnstochern verschließen oder mit Küchengarn wie ein Päckchen verschnüren.

Für die Brühe Dashi, Einweichwasser der Shiitake, Sojasauce, Mirin und Sake in einem großen Topf zum Kochen bringen. Die gefüllten Kohlblätter hineingeben und 30 Minuten bei mittlerer bis schwacher Hitze köcheln lassen. Abschmecken und bei Bedarf mit Salz nachwürzen.

VEGANE VERSION

Ersetzen Sie das Fleisch durch die gleiche Menge an gehacktem festem Tofu. 1 EL Hefeflocken und 2 EL Kartoffel- oder Maisstärke in die Füllung geben. Dashi durch vegane Dashi (S. 122) ersetzen. Zum Garen 100 g grob geschnittene Pilze (Shiitake, Enoki oder andere) mit 1 EL Öl in einem Topf anbraten. Dann mit veganer Dashi aufgießen.

Tonkatsu

(PANIERTES SCHWEINEFLEISCH)

豚

カ

ツ

Für 4 Personen
Vorbereitung: 15 Min.
Garzeit: 5 Min.

4 Scheiben Schweinenacken (1,5–2 cm dick)

2 Prisen Salz

Pfeffer

Öl zum Frittieren

Tonkatsu-Sauce

Zum Panieren

4 EL Mehl

50 g Panko

Das Schweinefleisch 30 Minuten vor der Zubereitung aus dem Kühlschrank nehmen. Jedes Stück von beiden Seiten salzen und pfeffern.

Drei Teller zum Panieren vorbereiten: Auf einen 2 EL Mehl geben, auf dem zweiten 2 EL Mehl mit 3 EL Wasser verrühren, auf den dritten Panko geben. Jedes Stück Fleisch zuerst in Mehl, dann in Mehl-Wasser-Mischung und zuletzt in Panko wenden. Den Panko leicht andrücken.

In eine tiefe Pfanne 3 cm hoch Frittieröl geben und auf 180 °C erhitzen. Die Schweinefleischstücke nebeneinander hineinlegen, sie dürfen nicht überlappen. 2 Minuten braten, umdrehen und von der anderen Seite 3 Minuten braten, bis das Fleisch schön gebräunt ist. Wenn die Blasen, die aus dem Fleisch aufsteigen, kleiner werden, ist das Schweinefleisch gar. Auf einen Teller mit Küchenpapier legen und 3 Minuten ruhen lassen, dann mit Tonkatsu-Sauce und gehacktem Kohl oder Kohlsalat servieren (S. 208).

ALTERNATIVE ZUR TONKATSU-SAUCE

4 EL Worcestersauce, 2 EL Ketchup, 1 EL Mirin und ½ TL Sojasauce in einem kleinen Topf unter ständigem Rühren erhitzen, bis die Sauce dickflüssig wird.

VEGANE VERSION

Ersetzen Sie das Schweinefleisch durch 4 Scheiben Blumenkohl, die 1,5–2 cm dick sind. 3–4 Minuten im Dampf vorgaren. Der Blumenkohl darf nicht zu weich sein, sonst bricht er. Die Blumenkohlscheiben mit ½ TL Hefeflocken, 1 Prise gemahlenem Curry und 1 Prise Salz bestreuen. Panieren und wie das Schweinefleisch braten.

Hotdog

MIT SELBST GEMACHTER WURST UND PIKANTEM KETCHUP

ホットドッグ

Für 4 Personen
Vorbereitung: 20 Min.
Garzeit: 10 Min.

Selbst gemachte Wurst

400 g Schweinenacken (Bio)

½ Knoblauchzehe, gehackt

1 Stück Ingwer (1,5 cm), fein gehackt

⅙ Zwiebel, fein gehackt

1 TL Nuoc Mam

1 TL Zitronensaft

1 TL Rohrohrzucker

Pfeffer

geschmacksneutrales Pflanzenöl

Pikanter Ketchup

2 EL Ketchup

40 g Kirschtomaten, halbiert

1 TL Nuoc Mam

1 TL Rohrohrzucker

1 frische rote Chili, gehackt

Kohlsalat

150 g Spitzkohl (oder Weißkohl), in feine Streifen gehobelt

⅛ kleine rote Zwiebel, fein gehackt

1 TL Korianderkörner

1 EL Olivenöl

1 TL Nuoc Mam

Zum Servieren

4 Hotdog-Brötchen

4 TL Senf

4 TL Sojamayonnaise (S. 139; oder klassische Mayonnaise)

Koriandergrün (nach Belieben)

½ rote Chili, in feine Ringe geschnitten (nach Belieben)

Für die Wurst das Schweinefleisch in der Küchenmaschine oder mit dem Messer fein hacken. In eine Schüssel geben, Knoblauch, Ingwer, Zwiebel, Nuoc Mam, Zitronensaft, Zucker und Pfeffer hinzufügen und alles gut vermengen. Aus der Masse vier Würste formen. Jede Wurst in ein Blatt Backpapier wickeln und die Enden zudrehen, als würde man ein Bonbon verschließen. Jede Rolle in ein Stück Alufolie einwickeln und auf dieselbe Weise verschließen. In einen großen Topf 2 cm hoch Wasser geben und zum Kochen bringen. Die Würste hineinlegen und abgedeckt bei mittlerer bis schwacher Hitze 7 Minuten garen. Abtropfen und abkühlen lassen.

Alle Zutaten für den Ketchup in einer Schüssel verrühren.

Alle Zutaten für den Kohlsalat in einer weiteren Schüssel mischen.

Die abgekühlten Würstchen auswickeln. Etwas Öl in einer Pfanne erhitzen und die Würstchen bei mittlerer Hitze in 2–3 Minuten goldbraun braten.

Die Hotdog-Brötchen aufschneiden und im Ofen leicht rösten. Eine Seite mit Senf bestreichen, die andere mit Mayonnaise. In jedes Brötchen etwas Kohlsalat und ein Würstchen geben. Den Ketchup darauf verteilen. Nach Belieben mit Koriandergrün und Chili garnieren.

VEGANE VERSION

Ersetzen Sie die Würstchen durch pflanzliche Würstchen. Ich mag auch gebratene Tofustreifen (125 g für 4 Personen): Den Tofu in lange Streifen schneiden und 30 Minuten mit 1 Knoblauchzehe, 1 EL Sojasauce und 1 EL Rohrohrzucker marinieren. Abtupfen und mit Kartoffelstärke bestreuen. In der Pfanne braten und mit Pfeffer würzen.

Burger

AUF JAPANISCHE ART

ハンバーグステーキ

Für 4 Personen
Vorbereitung: 20 Min.
Garzeit: 20 Min.

40 g Panko

2 EL Milch

1⅓ EL geschmacksneutrales Pflanzenöl

1 Zwiebel, gehackt

400 g Rinderhackfleisch

200 g Schweinenacken, gehackt

1 Ei

½ TL geriebene Muskatnuss

1 TL Salz

Pfeffer

20 ml Sake

Sauce

10 g gesalzene Butter

2 EL Ketchup

2 EL Rotwein

2 EL Mirin

2 EL Sojasauce

2 EL Worcestersauce

Pfeffer

Panko und Milch in einer Schüssel verrühren und zum Quellen zur Seite stellen.

1 EL Öl in einer Pfanne erhitzen. Die gehackte Zwiebel darin glasig dünsten. Zum Abkühlen zur Seite stellen.

Hackfleisch von Rind und Schwein, Ei, Panko, Zwiebel und Muskatnuss in eine Schüssel geben. Salzen, pfeffern und mit den Händen zu einer homogenen Masse verkneten. Vier Burger formen. 1 TL Öl in eine Pfanne mit dickem Boden geben und gut verteilen. Auf mittlerer Stufe erhitzen, die Burger hineinlegen und sofort abdecken. Dabei ist wichtig, dass der Deckel genau auf die Pfanne passt, damit die Burger im Dampf gegart werden. 3 Minuten garen, dann die Burger umdrehen und weitere 10 Minuten bei geringer Hitze abgedeckt garen. Den Sake in die Pfanne gießen, abdecken und 1 Minute bei mittlerer Hitze kochen lassen. Die Burger aus der Pfanne nehmen.

Die Butter in der Pfanne zerlassen. Alle Zutaten für die Sauce hinzufügen. Bei mittlerer Hitze unter Rühren kochen, bis die Sauce eindickt. Über die Burger gießen.

Heute bevorzuge ich andere Gerichte, aber in meiner Kindheit war dies eines meiner Lieblingsessen, das meine Mutter oft zubereitet hat. Am liebsten mochte ich die Burger mit Spaghetti, Mayonnaise und einem grünen Salat.

VEGANE BURGER

200 g Tofu, 100 g Haferflocken und 10 g Haselnusskerne im Mixer pürieren. 1 fein gehackte Zwiebel und 100 g gehackte braune Champignons in etwas Öl anbraten, bis die Zwiebel glasig ist. Alles mit 50 g geraspelten Kartoffeln, 2 EL Kartoffelstärke, 1 TL Sojasauce, 1 TL Mirin und 2 Prisen Salz vermischen. Vier Burger formen und wie oben beschrieben garen. Für die Sauce alle Zutaten außer der Butter in einem kleinen Topf verrühren. Zu Spaghetti schmeckt auch meine Sojamayonnaise (S. 139).

Japanisches Curry

ルーから作るカレー

A

B

Für 4 Personen
Vorbereitung: 20 Min.
Garzeit: 1 Std.

Curry

2 EL geschmacksneutrales Pflanzenöl

2 Hähnchenkeulen (ohne Knochen; Bio), in mundgerechte Stücke geschnitten

2 Zwiebeln, fein gehackt

1 Knoblauchzehe, gehackt

1 Stück Ingwer (3 cm), gehackt

1 Karotte, geraspelt

1 Stange Staudensellerie, fein gehackt

1 Apfel, fein gehackt oder geraspelt

3 EL Currypulver

1 Dose gehackte Tomaten (240 ml)

4 EL Mehl

600 ml Dashi (S. 166; alternativ Hühnerbrühe oder vegane Dashi, S. 122

2 Kartoffeln, geschält und geviertelt

1 EL Worcestersauce (oder Tonkatsu-Sauce)

1 EL Hefeflocken

1 EL Sojasauce

2–3 TL Salz

Beilagen

½ Aubergine

½ Zucchini

½ Paprika

8 grüne Bohnen

Geschmacksneutrales Öl zum Braten

gekochter Reis für 4 Personen (S. 56)

C

D

In einer Pfanne mit hohem Rand 1 EL Öl erhitzen. Die Fleischstücke mit der Hautseite nach unten in die Pfanne legen, 1 Minute braten, dann wenden und nochmals 1 Minute braten **(A)**. Aus der Pfanne nehmen, das Fett bleibt in der Pfanne.

Das restliche Öl (1 EL) zum Hähnchenfett geben. Zwiebeln, Knoblauch und Ingwer darin goldbraun anbraten. Karotte, Sellerie und Apfel zugeben und 10 Minuten mitbraten **(B)**.

Vom Herd nehmen und das Currypulver unterrühren. Wieder auf den Herd stellen, die gehackten Tomaten einrühren und unter Rühren 2 Minuten köcheln lassen. Noch einmal vom Herd nehmen und das Mehl einrühren. Wieder auf den Herd stellen und bei mittlerer Hitze 1–2 Minuten köcheln lassen. Nach und nach die Brühe zugießen. Zuerst die Hähnchenteile, dann die Kartoffelstücke und schließlich Worcestersauce, Hefeflocken, Sojasauce und Salz hinzugeben, umrühren und das Curry 20 Minuten bei mittlerer bis schwacher Hitze **(C)** köcheln lassen.

Die Aubergine in große Würfel, die Zucchini in 1 cm dicke Scheiben und die Paprikaschote in Streifen schneiden. Die Bohnen putzen (die kleinen Spitzen dürfen an den Bohnen bleiben). In einer tiefen Pfanne 3 cm Öl auf 180 °C erhitzen und das Gemüse goldbraun braten.

Den Reis auf vier Teller verteilen, mit dem Curry und dem Gemüse anrichten **(D)**.

BESONDERS KÖSTLICH

Verwenden Sie statt Hähnchen Schweinefleisch Tonkatsu (S. 206).

VEGANE VERSION

Lassen Sie das Fleisch einfach weg.

Alkoholische Getränke

日本のアルコール

Aus meiner Kindheit erinnere ich mich, dass mein Vater sich gern ein Gläschen gegönnt hat. Er begann mit einem kleinen Aperitif, bevor alle am Tisch saßen, mit einem oder zwei kleinen Gerichten, die meine Mutter zubereitet hat, und einem Teller mit Bonito-Sashimi. Er stimmte die Getränke immer auf die jeweiligen Speisen ab: mal ein sehr kaltes Bier, mal ein gutes Glas Sake, im Winter auch Shochu mit heißem Wasser. In Japan wird zum Essen gern und viel getrunken, und es gibt eine große Auswahl an Getränken, die zu den Mahlzeiten serviert werden.

Sake 酒

Ein alkoholisches Getränk aus Reis. Durch Schleifen wird die Schale des Korns, die Proteine und Fette enthält, entfernt. Je besser das Korn geschliffen ist, desto feiner und zarter ist der Geschmack des Sake.

Futsu-shu ist ein relativ preiswerter Sake, der ungefähr der Kategorie eines Tafelweins entspricht.

Tokutei-meishoshu ist ein hochwertiger Sake, der nach strengen Regeln hergestellt wird, um Qualität und Authentizität zu gewährleisten: Die Kategorien von Tokutei-meishoshu werden durch den Zusatz von sterilisiertem Alkohol und den Schliffgrad der Reiskörner bestimmt.

Junmai-shu (wörtlich »reiner Reis«) wird nur aus Reis, Wasser und Kōji hergestellt. Er hat im Allgemeinen mehr Aroma und Charakter als Honjozo, man schmeckt den Reis gut heraus.

Honjozo-shu wird aus denselben Zutaten wie Junmai hergestellt und mit etwas Alkohol versetzt (oft reines Destillat aus Zuckerrohr). Manche ziehen ihn dem Junmai vor, da der destillierte Alkohol das Reisaroma subtiler hervorhebt.

Ginjyo-shu wird aus Reis hergestellt, der zu 40 % geschliffen ist (60 % der Korngröße bleiben erhalten). Er wird bei niedriger Temperatur vergoren und hat dadurch ein sehr zartes und fruchtiges Aroma. Wenn er nur aus Reis, Kōji und Wasser hergestellt wird, nennt man ihn Junmai-Ginjyo.

Daiginjo-shu wird nach demselben Verfahren wie Ginjyo-shu hergestellt, der Reis wird jedoch zu mehr als 50 % geschliffen. Wenn er nur aus Reis, Kōji und Wasser hergestellt wird, nennt man ihn Junmai-daiginjo. Daiginjo ist der hochwertigste Sake. Er hat einen feinen und subtilen Geschmack, ist aber etwas gewöhnungsbedürftig. Wenn Sie einen Sake mit mehr Charakter, einem ausgeprägteren Getreidegeschmack oder mehr Körper suchen, wählen Sie einen Junmai-shu.

Kleines Sake-Lexikon: Namazake = nicht pasteurisierter Sake; Genshu = Sake ohne Wasserzugabe am Ende der Gärung; Happo-shu = prickelnder Sake; Nigori-zake = ungefilterter Sake; Koshu = gereifter Sake mit einem sehr speziellen und ausgeprägten Geschmack.

Wo kann man ihn kaufen? Im Internet oder in Geschäften, die auf japanische Lebensmittel spezialisiert sind und in denen man in der Regel gut beraten wird.

Umeshu 梅酒

Ein alkoholisches Getränk auf der Basis von neutralem Alkohol (Shochu, Sake, Mirin oder sogar Brandy), in dem japanische Pflaumen (Ume) eingelegt werden, oft mit Zucker. Es schmeckt sehr fruchtig und süß. Umeshu eignet sich hervorragend als Aperitif. Er wird pur aus einem kleinen Glas getrunken, aber mit Sprudelwasser und Eiswürfeln schmeckt er noch besser.

In Japan stellt man Umeshu üblicherweise selbst her. Meine Großmutter kannte sich damit gut aus und setzte ihn jedes Jahr zur Pflaumenzeit an. Als ich klein war, ließ sie mich heimlich probieren. Das war meine erste Erfahrung mit Alkohol. Ich durfte auch ihren 30 Jahre alten Umeshu kosten – für mich immer noch der beste Umeshu überhaupt! Hochwertigen Umeshu kann man auch in Europa kaufen.

Shochu 焼酎

Japanischer Schnaps, der aus verschiedenen Zutaten (Reis, Gerste, Weizen, Buchweizen oder Süßkartoffeln) destilliert wird. Er wird als Aperitif, Digestif oder während des Essens genossen – mit Eiswürfeln, pur, mit heißem Wasser, mit Sprudelwasser, als Schuss im Tee oder anderen Getränken usw.

Es sind seine Zutaten, die den Charakter des Shochu bestimmen. Gersten-Shochu ist besonders mild. Wenn Sie ein Sake-Liebhaber sind, könnte Ihnen der runde und fruchtige Geschmack von Reis-Shochu gefallen. Süßkartoffel-Shochu hat mehr Charakter und ein ausgeprägtes süßes Aroma. Manche halten ihn für zu stark. Aber meine Familie mütterlicherseits stammt aus Kagoshima, einer Region, die für ihren hervorragenden Süßkartoffel-Shochu bekannt ist, daher ist er mein Favorit!

Bier ビール

Bier ist das am häufigsten konsumierte alkoholische Getränk in Japan. Zu Beginn einer Mahlzeit, besonders beim Besuch einer *Izakaya* (japanische Tapas-Bar), hört man oft den Satz *Toriaezu biru* (Lasst uns mit einem Bier beginnen).

Das beliebteste Bier in Japan ist Pils, ein leichtes, erfrischendes Helles mit einem relativ geringen Alkoholgehalt. Wenn man in Japan über Bier spricht, spielt das »Gefühl in der Kehle« eine große Rolle; ich habe den Eindruck, dass die Frische an erster Stelle steht. Man trinkt es gern extrem kühl, wie Wasser. Heutzutage gibt es auch in Europa gute Biere von großen Brauereien wie Kirin oder Asahi, aber auch von handwerklich arbeitenden Kleinbrauereien.

Einfache Cocktails

カクテル

Für 1 Person

Heißer Sake mit Kirschblüte 桜酒

1 Kirschblüte mit Salz (S. 116)

100 ml Sake

Die Kirschblüte mit heißem Wasser abspülen und auf den Boden eines Glases legen. Den Sake in eine *tokkuri* (Sake-Karaffe), eine Tasse oder ein dickes Glas füllen. Die *tokkuri* in einen Topf stellen und so viel Wasser angießen, dass der Sake zu 80 % im Wasserbad steht. Nun die *tokkuri* aus dem Topf nehmen und das Wasser zum Kochen bringen. Den Herd ausschalten, die *tokkuri* in das heiße Wasser tauchen und etwa 3 Minuten erhitzen, bis der Sake 50 °C erreicht hat. Die Blüte mit dem heißen Sake übergießen und warten, bis sie sich öffnet. Erst dann trinken.

DEN RICHTIGEN SAKE WÄHLEN

Verwenden Sie Junmai-shu (siehe S. 214), der einen stärkeren Charakter hat und das Erhitzen gut verträgt. Alternativ können Sie sich im Fachhandel beraten lassen.

Ingwerbier ジンジャービール

50 ml Ingwersirup (S. 238)

330 ml Bier

1 Scheibe kandierter Ingwer (S. 238)

Den Ingwersirup in ein Glas geben. Mit Bier auffüllen, mit der Ingwerscheibe garnieren und servieren.

Shochu mit Umeboshi 梅干し焼酎

1 Umeboshi

100 ml Shochu

Die Umeboshi in ein Glas legen, mit Shochu übergießen und servieren.

TIPPS

Ich mag diesen Cocktail am liebsten mit Reis-Shochu, aber Sie können sich auch für einen Shochu Ihrer Wahl entscheiden.

–

Umeboshi, die nach alter Tradition und ohne künstliche Geschmackszusätze hergestellt werden, gibt es online und in manchen Bioläden zu kaufen.

お茶のお供

RUND UM DEN TEE

Tee

茶

Morgens, mittags, abends – wir Japaner trinken ständig Tee, er gehört zu unserem Leben, als Getränk und nachmittags auch zu Kuchen. In vielen europäischen Ländern gehört zur Mahlzeit ein Dessert. In Japan ist das nicht unbedingt der Fall. Vielleicht liegt es daran, dass viele japanische Gerichte schon recht viel Zucker enthalten. Wenn man jedoch nachmittags in ein Café oder eine Teestube geht, bestellt man zum Tee oft Gebäck, quasi als Nachmittagssnack *(oyatsu)*. Und auch zu Hause verwöhnt man sich gern mit etwas Süßem zur Tasse Tee.

Sencha

In Japan ist dies der meistverwendete Tee. Er hat eine schöne grüne Farbe und einen feinherben Geschmack mit leichtem Anklang von Jod. Die jungen Triebe des Tees werden geerntet und sofort gedämpft, um ihre grüne Farbe zu erhalten und die Fermentation zu verhindern.

Zubereitung für eine kleine Teekanne *(kyū-su)*: 1 gehäufter TL Tee auf 200 ml heißes Wasser. Für einen hochwertigen Tee das Wasser auf 70 °C erhitzen, um das Aroma sanft aus den Blättern zu lösen. Für einen Tee von mittlerer Qualität das Wasser auf 80 °C erhitzen. Kochen darf das Wasser nicht, da sonst die Bitterstoffe zu stark in den Vordergrund treten. Den Tee 30 Sekunden bis 1 Minute ziehen lassen. Die Blätter können zwei- oder sogar dreimal aufgegossen werden.

Genmaicha

Dies ist ein grüner Tee, der mit geröstetem Reis gemischt wird. Der nussige Geschmack des geröstetem Getreides rundet den frischen Geschmack des Tees gut ab. Er schmeckt besonders gut zum Essen oder danach.

Zubereitung für eine kleine Teekanne *(kyū-su)*: 1 gehäufter TL Tee auf 200 ml heißes Wasser (90–95 °C). Das Wasser sollte sehr heiß sein, damit sich das Röstaroma des Reises entfaltet. 30 Sekunden bis 1 Minute ziehen lassen.

Hojicha

Dies ist ein gerösteter grüner Tee, der aus Blättern und/oder dünnen Stängeln besteht, die in der Regel später als Sencha geerntet werden. Er hat eine braune Farbe und einen sehr geringen Teeingehalt. Der Geschmack ist mild, leicht süßlich und nicht bitter, zeichnet sich aber durch ein angenehmes Röstaroma aus. Er wird gern zu den Mahlzeiten getrunken.

Zubereitung: 1 gehäufter TL Tee auf 200 ml heißes Wasser (90–95 °C). Das Wasser sollte sehr heiß sein, damit sich das Röstaroma entfaltet. 30 Sekunden bis 1 Minute ziehen lassen.

Matcha

Dieser Tee wird in Form eines grünen Pulvers angeboten, das mittlerweile auch in Europa verwendet wird, z. B. in Backwaren. In Japan wird er während der Teezeremonie genossen, ist aber kein Alltagstee. Natürlich können Sie auch zu Hause eine gute Tasse Matcha genießen. Er schmeckt auch sehr gut als Kaltgetränk (S. 222).

Zubereitung: Matcha wird mit einem *chasen* (kleiner Bambusbesen) aufgeschlagen, damit er schön schäumt: 1 gehäuften TL gesiebten Matcha in eine Schüssel geben. Vorsichtig 60–70 ml Wasser (80 °C) zugießen. Dabei den *chasen* vorsichtig, aber schnell bewegen: Mit dem *chasen* ein M von rechts nach links und von links nach rechts zeichnen, mit einem O enden, den *chasen* zur Mitte der Schüssel bringen und anheben.

Zubereitung ohne *chasen:* 1 gehäuften TL gesiebten Matcha in eine Tasse geben und zunächst mit 1 TL Wasser anrühren. Dann langsam 60–70 ml Wasser (80–90 °C) zugießen.

Mugicha

Dies ist ein Aufguss aus gerösteter Gerste. Er hat schöne Röstaromen und enthält kein Teein, deshalb eignet er sich auch für kleine Kinder. Im Sommer wird er meist kalt getrunken. In meiner Kindheit holte ich gleich nach der Heimkehr von der Schule den Mugicha, den meine Mutter zubereitet hatte, aus dem Kühlschrank und trank ein großes Glas davon.

Zubereitung: Je nach Marke mit heißem oder kaltem Wasser aufgießen. Kalt mit Eiswürfeln ist er köstlich, aber er schmeckt auch warm sehr gut.

Sobacha

Diesen Aufguss aus geröstetem Buchweizen mag ich besonders gern, weil er so viele Erinnerungen weckt. Er hat einen feinen Geruch nach geröstetem Buchweizen und schmeckt sehr mild. Dies ist der perfekte Tee nach dem Essen oder für eine kleine Entspannungspause.
Da er viele Mineralien und Antioxidanzien enthält, ist er außerdem sehr gesund.

Zubereitung: 1 gehäufter TL Tee auf 200 ml Wasser, Brühtemperatur 90 °C. 3–4 Minuten ziehen lassen.

Buchweizenkörner kann man leicht selbst rösten: Die Körner in einer Pfanne auf mittlerer Stufe erhitzen. Wenn die Pfanne heiß ist, auf schwache Hitze herunterschalten und die Körner etwa 10 Minuten unter Rühren rösten.

Getränke mit Tee

お茶のドリンク

Für 1 Person

Sprudelnder Matcha

2 g Matcha

1 TL Honig

200 ml Mineralwasser mit Kohlensäure

Eiswürfel

Zitronensaft (nach Belieben)

Matcha, Honig und 1 EL lauwarmes Wasser in einer Schüssel gut verrühren. In ein Glas gießen. Das Mineralwasser langsam in mehreren Portionen dazugeben und gut umrühren. Einen oder zwei Eiswürfel hinzufügen und nach Belieben einen Spritzer Zitronensaft hinzufügen.

Hojicha mit Sojadrink

9 g Hojicha

160 ml Sojadrink

1 Prise gemahlener Zimt

rotes Chilipulver (nach Belieben)

1 TL Honig

einige Buchweizenkörner

Hojicha mit 50 ml Wasser in einem kleinen Topf bei mittlerer Hitze zum Kochen bringen. Die Temperatur herunterschalten, Sojadrink und Zimt hinzufügen und 3 Minuten köcheln lassen. In eine Tasse abseihen. Mit etwas rotem Chilipulver bestreuen, Honig und Buchweizenkörner hinzufügen.

Umesho-bancha

4 g Bancha (grüner Tee)

1 Umeboshi

1 TL Sojasauce

1 TL Ingwersaft, gepresst aus geriebenem Ingwer

Den Bancha in eine Teekanne geben. Mit 200 ml kochendem Wasser übergießen und 30 Sekunden bis 1 Minute ziehen lassen. Die Umeboshi in eine Tasse legen, Sojasauce und Ingwersaft hinzufügen. Mit dem Tee übergießen.

Bancha ist ein grüner Tee, dessen Blätter später geerntet werden als die des Sencha. Die Bancha-Blätter sind daher größer, weniger koffeinhaltig und reich an Mineralien. Sein Geschmack ist eher mild.

Dieses Rezept gilt als Medizin gegen Erkältungen und Müdigkeit. Meine Mutter hat es mir immer zubereitet, wenn ich mir eine Erkältung eingefangen hatte.

Anko

VEGAN

(SÜSSE ROTE-BOHNEN-PASTE)

あんこ

Ergibt 490 g
Vorbereitung: 5 Min.
Garzeit: 1 Std. 15 Min.

250 g Adzukibohnen
240 g Rohrohrzucker
1 Prise Salz

Die Adzukibohnen waschen und mit dem vierfachen Volumen Wasser in einen Topf geben. Bei mittlerer Hitze zum Kochen bringen und 15 Minuten köcheln lassen. Dann durch ein Sieb abgießen und abtropfen lassen. Mit etwas Wasser abspülen und den Topf ausspülen. Die Bohnen mit der dreifachen Menge Wasser wieder in den Topf geben. Zum Kochen bringen, auf mittlere bis schwache Hitze herunterschalten, den Schaum abschöpfen und die Bohnen 30 Minuten köcheln lassen. Während des gesamten Kochvorgangs darauf achten, dass die Bohnen bedeckt sind, bei Bedarf etwas Wasser zugeben. Nach 30 Minuten die Garprobe machen: Eine Bohne zwischen die Finger nehmen und drücken. Wenn sie sich sehr leicht zerdrücken lässt, ist sie gar. Wenn nicht, die Bohnen noch etwas länger kochen. Durch ein Sieb abgießen und das Kochwasser in einer Schüssel aufbewahren.

Das Wasser einige Minuten stehen lassen, bis sich die Stärke absetzt. Das Wasser vorsichtig abgießen, die Stärke soll in der Schüssel bleiben. Die Stärke wieder in den Topf mit den gekochten Adzukibohnen geben.

Den Zucker zufügen und die Mischung 30 Minuten bei mittlerer bis schwacher Hitze köcheln lassen. An der Oberfläche der Mischung müssen sich ständig Bläschen zeigen. Mit einem Pfannenwender regelmäßig über den Topfboden rühren. Nach etwa 30 Minuten ist die Flüssigkeit verdampft und man sollte beim Rühren den Boden des Topfes sehen können. Vom Herd nehmen, wenn die Masse die Konsistenz von Maronencreme hat. Das Salz unterrühren. Beim Abkühlen wird die Masse etwas fester. Im Topf abkühlen lassen, dann in ein Gefäß umfüllen und luftdicht verschließen (z. B. Frischhaltefolie direkt auf die Oberfläche der Masse legen).

Anko kann in einem luftdichten Gefäß 3–4 Tage im Kühlschrank aufbewahrt oder 4 Wochen eingefroren werden. Zum Einfrieren das Anko in kleine Portionen teilen und in Frischhaltefolie wickeln.

Dieses etwas stückige Anko mit ganzen Bohnen nennt man tsubu-an (tsubu = *Korn*). Koshi-an *hingegen hat eine glatte Konsistenz, weil es passiert wird, um die Bohnenschalen zu entfernen.*

Dorayaki

どら焼き

Für 4 Dorayaki
Vorbereitung: 10 Min.
Ruhezeit: 30 Min.
Garzeit: 20 Min.

- 80 g Mehl
- ½ EL Backpulver
- 1 Ei
- 40 g Rohrohrzucker
- ½ EL Honig
- 1 EL Mirin
- 40 ml Sojadrink
- geschmacksneutrales Pflanzenöl
- 160 g Anko tsubu-an (oder koshi-an; Bohnenpaste, S. 224)

Mehl und Backpulver in eine Schüssel sieben und mischen. In einer zweiten Schüssel das Ei mit Zucker, Honig, Mirin und Sojadrink verrühren. Mehl und Backpulver zugeben und alles gut vermengen. Abdecken und 30 Minuten im Kühlschrank ruhen lassen.

Eine Pfanne bei mittlerer Hitze erwärmen. Wenn die Pfanne heiß ist, etwas Öl darin verteilen und überschüssiges Öl mit Küchenpapier auswischen. Auf schwache Hitze herunterschalten. Eine kleine Kelle Teig in die Pfanne geben und zu einem Kreis von etwa 8 cm Durchmesser verlaufen lassen. Um eine schöne runde Form zu erhalten, die Kelle beim Einfüllen des Teigs nicht bewegen. Den Teig etwa 2 Minuten backen, bis sich auf der gesamten Oberfläche kleine Blasen bilden. Wenden und die andere Seite 30–60 Sekunden backen.

Aus dem Teig insgesamt acht Pfannkuchen backen. Abkühlen lassen. Vier Pfannkuchen mit je 40 g Anko bestreichen und mit den übrigen vier Pfannkuchen bedecken.

Daifuku mit Erdbeeren

VEGAN

(GEFÜLLTE MOCHI)

苺大福

Für 4 Stück
Vorbereitung: 35 Min.
Garzeit: 12 Min.

Füllung

4 Erdbeeren

120 g Anko (Bohnenpaste, S. 224)

Mochi-Teig

70 g Shiratamako (Mehl aus Klebreis) *

10 g Zucker

Zum Arbeiten

Kartoffelstärke (oder Maisstärke)

Utensilien

Bambus-Dampfkorb

** Normales Reismehl ist für dieses Rezept nicht geeignet. Mehl aus Klebreis ist in asiatischen oder japanischen Lebensmittelgeschäften erhältlich. Die japanischen Bezeichnungen lauten Mochiko oder Shiratamako.*

Für die Füllung die Blütenkelche der Erdbeeren entfernen. Aus dem Anko mit feuchten Händen vier Kugeln formen und zu kleinen Fladen drücken. Eine Erdbeere in die Mitte legen und in das Anko wickeln.

Für den Teig eine Schüssel wählen, die in einen Dampfkorb passt. Darin Shiratamako mit 75 ml Wasser vermischen. Den Zucker unterrühren. Den Dampfkorb vorbereiten: Wasser in einem Topf oder einer Pfanne erhitzen, den Dampfkorb hineinstellen, die Schüssel in den Dampfkorb stellen und den Teig 12 Minuten bei starker Hitze garen. Die Schüssel aus dem Dampfkorb nehmen und den heißen Teig mit einem Silikonspatel durchrühren. Das ist anfangs etwas schwierig, aber nach 1 Minute wird der Teig geschmeidig.

Eine saubere Arbeitsfläche großzügig mit Stärke bestäuben. Den Mochi-Teig darin wenden, auch die Hände mit Speisestärke bestäuben – der Teig klebt stark. Den Teig in vier Stücke schneiden. Jedes Stück flach drücken, sodass vier Scheiben entstehen. Überschüssige Speisestärke von den Handflächen abschütteln. In die Mitte jeder Teigscheibe eine mit Anko umhüllte Erdbeere legen. Den Teig um die Füllung wickeln und gut zusammendrücken, um ihn zu verschließen. Die Daifuku umdrehen, damit beim Servieren die Naht unten liegt.

Am gleichen Tag genießen.

TEIGZUBEREITUNG IN DER MIKROWELLE

Den Teig in eine Glasschüssel geben und mit Frischhaltefolie abdecken. 2 Minuten bei 600 W garen.

Herausnehmen und den Teig mit einem Silikonspatel gut durchrühren. Erneut 2 Minuten garen, dann nochmals durchrühren.

Shiratama dango

VEGAN

(KLEBREIS-BÄLLCHEN)

白
玉
団
子

Für 4 Personen
Vorbereitung: 10 Min.
Garzeit: 10 Min.

Shiratama-Bällchen

120 g Shiratamako (Mehl aus Klebreis)

1 EL Zucker

Shiratamako und Zucker in einer Schüssel vermischen. 80 ml Wasser dazugeben und mit der Hand verrühren. Weitere 40 ml Wasser allmählich unter Rühren zugeben. Aus der Masse zwischen den Handflächen 1,5–2 cm große Bällchen rollen. Die Mitte etwas zusammendrücken, damit sie gleichmäßig garen.

Die Bällchen in einen Topf mit kochendem Wasser gleiten lassen. Sie sind gar, wenn sie an die Oberfläche steigen. Herausnehmen und in eine Schüssel mit eiskaltem Wasser geben, um den Kochvorgang abzubrechen. Abtropfen lassen.

Shiratama mit schwarzem Sesam

6 EL schwarzer Sesam

5 EL Rohrohrzucker

1 Prise Salz

Die schwarzen Sesamkörner mit einem Mörser oder in der Küchenmaschine zerkleinern. Mit Zucker und Salz verrühren und über die Shiratama streuen.

Shiratama mit Anko-Sauce

400 g Anko (Paste aus Adzukibohnen, S. 224; alternativ gekauftes Anko mit ganzen Bohnen, Anko tsubu-an)

Rohrohrzucker (nach Belieben)

½ Rezept Shiratama-Bällchen (links)

Das Anko in einen Topf geben und 200 ml Wasser hinzufügen. Nach Belieben Zucker dazugeben und alles bei schwacher Hitze erwärmen. Sobald die Mischung köchelt, die Shiratama-Bällchen hinzufügen und 2 Minuten in der Sauce erwärmen.

In Portionsschälchen mit Löffeln servieren.

Soba manjū

VEGAN

(SÜSSE BUCHWEIZEN-KÜCHLEIN)

蕎麦饅頭

Ergibt 6 Stück
Vorbereitung: 15 Min.
Garzeit: 10 Min.

250 g Anko (Paste aus Adzukibohnen, S. 224; alternativ gekauftes Anko)

70 g Rohrohrzucker

½ TL Backpulver

50 g Mehl

50 g Buchweizenmehl

Zum Arbeiten

Mehl

Utensilien

Bambus-Dampfkorb

Das Anko in sechs Portionen teilen und zu kleinen Kugeln formen.

Zucker und 50 ml Wasser in eine Schüssel geben, verrühren, bis der Zucker sich aufgelöst hat.

Backpulver und beide Mehle zufügen und verrühren. Die Arbeitsfläche mit Mehl bestäuben. Den Teig in sechs Portionen teilen, zu Kugeln formen und diese flach drücken, sodass kleine Fladen entstehen.

In die Mitte jedes Fladens eine Kugel Anko legen. Den Teig um die Füllung wickeln und gut zusammendrücken. Aus Backpapier Stücke zuschneiden, die etwas größer als die Bällchen sind, und in einen Dampfkorb legen.

Den Dampfkorb vorbereiten. Die Bällchen mit der Naht nach unten auf die Backpapierstücke legen und 10 Minuten bei starker Hitze dämpfen.

Okara-Krapfen mit Sesam

VEGAN

胡麻とおからのドーナッツ

Für 4 Personen
Vorbereitung: 20 Min.
Garzeit: 15 Min.

1 EL Chiasamen (oder 1 Ei)

100 g Okara (S. 141)

2 ½ EL geschmacksneutrales Pflanzenöl

5 TL Sojadrink

100 g Mehl

1 TL Backpulver

60 g Zucker

2 EL gerösteter weißer oder schwarzer Sesam

Öl zum Frittieren

Chiasamen mit 3 EL Wasser in eine kleine Schüssel geben und etwa 2 Minuten quellen lassen.

Okara, Öl und Sojadrink in eine zweite Schüssel geben. Mit einem Spatel verrühren. Die gequollenen Chiasamen (oder, falls verwendet, das Ei) hinzufügen und verrühren. Mehl, Backpulver und Zucker zugeben und alles gut verrühren.

Mit eingeölten Händen aus der Masse zwölf Bällchen formen. Die Sesamkörner auf einen Teller geben und die Bällchen darin wenden.

So viel Frittieröl in eine Pfanne geben, dass die Bällchen davon bedeckt werden, und auf 120 °C erhitzen. Die Bällchen ins Öl legen und die Temperatur langsam auf 160 °C erhöhen. Die Krapfen platzen im Öl auf und sehen dann aus, als würden sie lächeln. Die Temperatur weiter auf 180 °C erhöhen und die Krapfen unter gelegentlichem Wenden goldbraun frittieren. Vor dem Servieren abtropfen lassen.

Karintō

VEGAN

MIT SCHWARZEM ZUCKER UND ERDNÜSSEN

ピーナッツかりんとう

Für 4 Personen
Vorbereitung: 15 Min.
Ruhezeit: 30 Min.
Garzeit: 10 Min.

60 g Mehl

40 g Buchweizenmehl

1 TL Backpulver

20 g Rohrohrzucker

2 TL geschmacksneutrales Pflanzenöl

20 g Erdnüsse, geröstet und fein gehackt

Öl zum Frittieren

Glasur

100 g Muscovado-Zucker (oder schwarzer Amami-Zucker)

20 g Erdnüsse, geröstet und fein gehackt

Beide Mehle, Backpulver und Zucker in einer Schüssel mischen. 40 ml Wasser und das Öl dazugeben und verrühren. Die gehackten Erdnüsse zufügen und alles mit den Händen zu einem glatten Teig verarbeiten. Zu einer Kugel formen, in Frischhaltefolie wickeln und 30 Minuten im Kühlschrank ruhen lassen.

Die Teigkugel auf die Arbeitsfläche legen und leicht bemehlen, falls der Teig klebt. Die Kugel in zwei Stränge teilen und diese flach drücken. Einen Teigstrang mit Frischhaltefolie umwickeln, damit er nicht austrocknet. Den anderen in 30 kleine Stücke schneiden. Jedes Stück vorsichtig mit der Hand zu einem Stäbchen mit einem Durchmesser von 5–7 mm rollen (es macht nichts, wenn sie unterschiedlich lang sind). Den Vorgang mit dem zweiten Teigstrang wiederholen.

Zum Frittieren 2 cm Öl in einen Topf geben und auf 170 °C erhitzen. Die Stäbchen darin etwa 5 Minuten frittieren, bis sie knusprig sind und nur noch wenige, kleine Blasen aufsteigen. Herausnehmen und auf Küchenpapier abtropfen lassen.

Für die Glasur den Zucker mit 2 EL Wasser in einen Topf geben und bei mittlerer Hitze unter ständigem Rühren erwärmen, bis der Zucker aufgelöst ist. Wenn die Mischung brodelt und eindickt, die frittierten Plätzchen und die gehackten Erdnüsse zugeben. Gut umrühren. Die Plätzchen aus dem Topf nehmen und auf Backpapier oder auf der sauberen Arbeitsfläche trocknen lassen.

Kandierter Ingwer

VEGAN

生姜の砂糖漬け

Für 4 Personen
Vorbereitung: 15 Min.
Ruhezeit: 4 Tage
Garzeit: 30 Min.

100 g Ingwer
60 g Zucker
30 g Honig
1 EL Zitronensaft

Zum Garnieren
2 EL Zucker

Den Ingwer in 1–2 mm dünne Scheiben schneiden. In einen Topf mit kochendem Wasser geben und 5 Minuten kochen. Den Ingwer herausnehmen und abtropfen lassen, das Kochwasser aufbewahren (siehe Tipp).

Den Ingwer wieder in einen Topf geben, den Zucker hinzufügen und 30 Minuten ziehen lassen. Honig und 100 ml Wasser dazugeben und alles bei mittlerer Hitze zum Kochen bringen, dann die Temperatur reduzieren und den Ingwer 20–25 Minuten köcheln lassen. Den Zitronensaft unterrühren. Den Sirup abgießen und aufbewahren.

Den Ingwer noch einmal in den Topf geben und 1 Minute unter ständigem Rühren langsam erhitzen, damit der restliche Sirup verdampft (Vorsicht, den Ingwer nicht anbrennen lassen!).

Den Ingwer auf einem *zaru* oder Backpapier ausbreiten und 24 Stunden bei Zimmertemperatur trocknen lassen. (Alternativ auf einem mit Backpapier belegten Backblech ausbreiten und im Backofen bei 100 °C 30 Minuten trocknen lassen.) Mit Zucker bestreuen und weitere 2–3 Tage bei Zimmertemperatur trocknen lassen. Kandierter Ingwer kann in einem luftdicht schließenden Glas bei Zimmertemperatur etwa 1 Monat aufbewahrt werden.

TIPP

Das erste Wasser, in dem der Ingwer gekocht wird, schmeckt sehr gut. Ich trinke es warm oder kalt mit etwas Honig. Mit dem Sirup vom zweiten Kochvorgang kann man Joghurt süßen oder Bier (S. 216) und andere Getränke aromatisieren.

Kuzukiri

VEGAN

(KUZU-PASTE MIT SCHWARZEM ZUCKERSIRUP)

葛きり

Für 4 Personen
Vorbereitung: 30 Min.
Garzeit: 10 Min.

Kuromitsu (schwarze Zuckersauce)

120 g Muscovado-Zucker (oder schwarzer Amami-Zucker)

80 g Rohrohrzucker

½ TL Sojasauce

Kuzukiri

40 g Kuzu (japanische Speisestärke, Bioladen; oder Pfeilwurzelmehl)

Zum Servieren (nach Belieben)

Matchapulver

kandierter Ingwer (S. 238)

Utensilien

1 Backblech (20 × 15 cm)

Zange

Für die Kuromitsu beide Zuckersorten mit 100 ml Wasser in einem kleinen Topf bei schwacher Hitze erwärmen und rühren, bis sich der Zucker gelöst hat. Den Schaum abschöpfen. Die Sojasauce unterrühren, dann vom Herd nehmen und vollständig erkalten lassen.

Eine Pfanne oder einen Topf wählen, in dem das 20 × 15 cm große Backblech Platz findet. Etwa 1 cm hoch Wasser in die Pfanne gießen und zum Kochen bringen, dann auf schwache Hitze herunterschalten. Kuzu-Stärke mit 130 ml Wasser in einer Schüssel verrühren. Durch ein feines Sieb gießen. Die Hälfte der Mischung auf das Backblech geben. Das Blech mit einer Zange vorsichtig auf das kochende Wasser legen. Etwa 1–2 Minuten schwimmen lassen, bis sich die Oberfläche verfestigt und die Mischung etwas durchsichtig wird. Das Blech vorsichtig neigen, um sicherzustellen, dass die Masse fest ist. Dann das Blech vollständig in das Wasser eintauchen.

Wenn die Mischung nach etwa 2–3 Minuten vollständig durchsichtig ist, das Blech aus dem Topf nehmen und in einen großen Behälter mit eiskaltem Wasser tauchen. Die abgekühlte Masse mit einem Spatel vorsichtig vom Blech ablösen. Den Vorgang mit der restlichen Mischung wiederholen.

Die Kuzukiri-Platten auf die Arbeitsfläche legen und in 1,5 × 20 cm große Streifen schneiden.

Die Streifen auf vier Schälchen verteilen und mit dem Kuromitsu übergießen. Mit Matchapulver und kandiertem Ingwer garnieren und servieren.

Zitronengelee mit Agar-Agar

VEGAN

レモンゼリー

Für 4 Personen
Vorbereitung: 15 Min.
Garzeit: 4 Min.
Ruhezeit: 1 Std.

2 Bio-Zitronen
30 g Honig
50 g Zucker
3 g Agar-Agar

Die Zitronen halbieren und das Fruchtfleisch auslösen, dabei den Saft auffangen. Die ausgehöhlten Zitronen werden zum Servieren verwendet. Die Unterseiten daher gerade schneiden, damit die Zitronen nicht umkippen.

Den Honig und den Saft einer Zitrone in einer Schüssel verrühren.

500 ml Wasser, Zucker und Agar-Agar in einen Topf geben. Gut umrühren und bei mittlerer Hitze zum Kochen bringen. Die Temperatur etwas reduzieren und die Mischung 2 Minuten unter Rühren köcheln lassen. Vom Herd nehmen, dann langsam den mit Honig gesüßten Zitronensaft unterrühren.

Die Mischung in die ausgehöhlten Zitronenschalen gießen. Zum Festwerden für mindestens 1 Stunde in den Kühlschrank stellen.

VARIANTEN

Sie können für dieses Rezept auch andere Zitrusfrüchte verwenden, z. B. Orange, Mandarine oder Grapefruit.

Yokan

VEGAN

(BOHNENRIEGEL MIT TROCKENFRÜCHTEN UND NÜSSEN)

ドライフルーツ蒸し羊羹

Für 2 Riegel
Vorbereitung: 30 Min.
Ruhezeit: 15 Min.
Garzeit: 20 Min.

300 g Anko (Paste aus Adzukibohnen, S. 224)

25 g Mehl

2 TL Kartoffelstärke (oder Maisstärke)

20 g Rosinen

8 g Walnusskerne, grob gehackt

2 getrocknete Feigen, halbiert

6 Maronen (vorgegart)

Utensilien

4 Bambusblätter (Asialaden) (alternativ 4 Stücke Backpapier à 30 × 20 cm und Küchengarn)

Bambus-Dampfkorb

Die Bambusblätter 15 Minuten in Wasser einweichen, um sie weich zu machen. Von den Rändern vorsichtig 1 cm breite Streifen abreißen. Diese werden zum Zubinden verwendet.

Das Anko in eine Schüssel geben. Mehl und Stärke sieben und hinzufügen. Alles mit einem Spatel gut verrühren. 2 EL Wasser zugießen und unterrühren, dann Rosinen und Nüsse untermischen. Die Masse in zwei Portionen teilen.

Zubereitung mit Bambusblättern: Ein Bambusblatt mit der langen Seite parallel zur Kante der Arbeitsfläche legen. Zwei Drittel einer Portion Anko-Masse in die Mitte geben und 1,5 cm dick verstreichen, dabei oben und unten 1 cm vom Bambusblatt frei lassen. Die Hälfte der Feigen und Maronen darauf verteilen, dann mit dem verbliebenen Drittel dieser Portion Anko-Masse bedecken. Ein zweites Blatt darauflegen und die Ränder zusammendrücken, damit die Füllung beim Garen nicht herausquillt. Die beiden langen Seiten zur Mitte hin übereinanderlegen, dann das Päckchen mit den abgerissenen Streifen der Bambusblätter verschnüren.

Zubereitung mit Backpapier: Ein Blatt Backpapier mit der langen Seite parallel zur Kante der Arbeitsfläche legen. Zwei Drittel einer Portion Anko-Masse in die Mitte geben, dabei unten einen 2 cm breiten Rand frei lassen. Die Masse 1,5 cm dick verstreichen, sodass ein Rechteck von 14 × 5 cm entsteht (auf jeder Seite der Masse bleiben 8 cm Backpapier frei). Die Hälfte der Feigen und Maronen darauf verteilen und mit dem verbliebenen Drittel dieser Portion Anko-Masse bedecken. Ein zweites Blatt darauflegen, den unteren Rand nach oben einschlagen, dann beide Blätter mit der Füllung bis zum oberen Rand zusammenrollen. Die Seiten zur Mitte hin übereinanderlegen und das Päckchen mit Küchengarn verschnüren.

Den Vorgang mit der zweiten Portion der Füllung wiederholen. Die Päckchen in einen Dampfkorb legen und 20 Minuten bei mittlerer bis starker Hitze garen. Vor dem Verzehr vollständig abkühlen lassen. Die Riegel können 3–4 Tage im Kühlschrank aufbewahrt werden.

Kohakutō

VEGAN

(JAPANISCHE BONBONS)

琥

珀

糖

Ergibt 500 g
Vorbereitung: 30 Min.
Ruhezeit: 3 Tage
Garzeit: 10 Min.

5 g Agar-Agar

300 g Zucker

1–2 TL Fruchtsaft (alternativ flüssige Lebensmittelfarbe oder Pulver, in 1 TL Wasser aufgelöst)

Agar-Agar mit 200 ml Wasser in einen kleinen Topf geben und rühren, bis das Pulver vollständig aufgelöst ist. Bei mittlerer Hitze zum Kochen bringen und 2 Minuten köcheln lassen, dabei mit einem Spatel rühren. Den Zucker unter ständigem Rühren zugeben. Nach etwa 5 Minuten dickt die Mischung ein und fällt in zähen Tropfen vom Spatel, wenn man ihn anhebt. Die Mischung in eine flache Schale (etwa 15 × 20 cm) geben.

Etwas Fruchtsaft oder einige Tropfen der Lebensmittelfarbe auf die Oberfläche träufeln und gut umrühren. (Für das Foto habe ich 2 TL Heidelbeersaft verwendet.) Man kann auch verschiedene Farben nebeneinanderträufeln und mit einem Zahnstocher ein marmoriertes Muster erzeugen. Für Teebonbons kann man statt Wasser frisch aufgegossenen Tee verwenden. Nach dem Färben die Masse 1 Stunde im Kühlschrank aufbewahren.

Eine Arbeitsfläche mit Backpapier belegen. Mit einer Messerklinge rund um die Bonbonmasse fahren, um sie aus der Form zu lösen. Auf das Backpapier legen. Danach in die gewünschte Form schneiden: quadratisch, dreieckig, vieleckig wie Edelsteine. Oder einfach mit den Fingern in Stücke reißen. 2–3 Tage bei Zimmertemperatur trocknen lassen. Zu Beginn ist die Oberfläche völlig durchsichtig. Nach einem Tag beginnt sie zu kristallisieren. Dann wird die Außenseite knusprig, aber das Innere behält seine gelartige Textur.

VARIANTEN

Sie können die Bonbons auch mit Kirschblüten verzieren (S. 116). Dazu die Blüten 2 Minuten in Wasser entsalzen und vorsichtig abtupfen.

Die Zubereitung der Bonbons ist einfach und macht Spaß. Sie sehen toll aus und schmecken gut.

Gedämpfter Nusskuchen

VEGAN

黒糖蒸しパン

Für 4 Personen
Vorbereitung: 10 Min.
Garzeit: 25 Min.

120 g Mehl

2½ TL Backpulver

60 g Muscovado-Zucker

100 g Sojadrink

2 EL geschmacksneutrales Pflanzenöl

20 g Reisessig

20 g Mischung aus grob gehackten Nüssen und schwarzem und weißem Sesam

Utensilien

Bambus-Dampfkorb (Ø 15 cm; alternativ eine runde Form)

Wasser zum Dämpfen in einem Topf zum Kochen bringen. Den Bambus-Dampfkorb mit Backpapier auskleiden.

Mehl, Backpulver und Zucker verrühren. Den Sojadrink zugeben und alles gut vermischen. Das Öl unterrühren, dann den Essig zugeben und erneut umrühren.

Den Teig in den vorbereiteten Dampfkorb geben und mit der Nuss-Sesam-Mischung bestreuen. 20 bis 25 Minuten im Dampf backen, bis an einem mittig eingestochenen Stäbchen kein Teig mehr haftet.

Castella

(JAPANISCHER BISKUITKUCHEN)

カステラ

Für 6 Personen
Vorbereitung: 40 Min.
Garzeit: 1 Std.
Ruhezeit: 2 Tage

- 2 EL grober Rohrohrzucker
- 4 Eier
- 95 g Zucker
- 2 EL Honig
- 2 EL Mirin
- 110 g Mehl (Type 550)
- 4 EL Matchapulver

Eine quadratische Backform mit Backpapier auslegen und den Boden mit dem Rohrohrzucker bestreuen.

Die Eier in einer großen Schüssel mit dem Zucker verrühren. Die Schüssel in eine größere Schüssel mit heißem Wasser (etwa 60 °C) stellen und die Mischung mit einem Handrührgerät auf niedriger Stufe verquirlen. Wenn die Masse warm ist (40–42 °C), die Schüssel aus dem heißen Wasser nehmen. Die Masse mit hoher Geschwindigkeit weiterschlagen, bis sie weiß und fest wird. Beim Herausnehmen der Schneebesen bleiben Spitzen hängen und fallen dann wie Bänder herab.

Den Backofen auf 170 °C vorheizen.

Eine Schüssel in heißes Wasser stellen. Honig und Mirin darin gut verrühren. Zur Eier-Zucker-Mischung geben und 1 Minute mit hoher Geschwindigkeit aufschlagen. Mehl und Matcha auf die Mischung sieben und 1 Minute langsam unterrühren.

Den Teig in die Form füllen. Die Form mehrmals fest auf die Arbeitsfläche stoßen, damit Luftblasen entweichen. Mit einem Spatel durch den Teig fahren, um die letzten Luftblasen zu entfernen. Die Form in den Ofen schieben und den Teig 15 Minuten backen, dann die Temperatur auf 140 °C reduzieren und den Kuchen weitere 40–45 Minuten backen. Herausnehmen und die Form mehrmals auf die Arbeitsfläche stoßen, um zu verhindern, dass der Kuchen wieder zusammenfällt.

Frischhaltefolie über den Kuchen legen und eine Platte oder einen Teller kopfüber darauflegen. Den Kuchen aus der Form stürzen und sofort in die Frischhaltefolie wickeln. 1 Tag bei Zimmertemperatur und 1 Tag im Kühlschrank ruhen lassen, damit der Kuchen seine weiche, feuchte Konsistenz erhält.

Zum Servieren den Kuchen halbieren und in 3 cm dicke Scheiben schneiden.

付録

ANHANG

Zutaten

食材

Anko

Eine süße Paste aus roten Adzukibohnen. Es gibt zwei Arten: *tsubu-an* (aus ganzen Bohnen) und *koshi-an* (passiert, also ohne Stückchen). Anko wird häufig als Zutat für japanische Desserts verwendet.

Austernsauce

Dies ist eigentlich eine chinesische Zutat, aber sie wird in Japan häufig für chinesisch-japanische Gerichte verwendet.

Daikon (weißer Rettich)

Der milde Rettich enthält viel Wasser. Er wird oft geraspelt als Garnierung verwendet, weil er die Verdauung anregt. Außerdem schmeckt er gut.

Ingwer

Diese Pflanze ist in Japan sehr beliebt. Sie hat antiseptische Eigenschaften und wird oft eingelegt *(gari)* zu Sushi gegessen. Heute ist Ingwer in gut sortierten Lebensmittelgeschäften oder Bioläden leicht zu finden. Japanischer Ingwer ist relativ mild und innen hell. Ingwer mit gelbem Inneren schmeckt intensiver und sollte sparsamer dosiert werden.

Japanisches Currypulver

Ideal für Gerichte mit authentischem Geschmack, es kann aber durch klassisches Currypulver ersetzt werden.

Katsuobushi

Getrockneter und fermentierter Thunfisch (Bonito). Wie Kombu ist er eine unverzichtbare Zutat für die Zubereitung der Dashi-Brühe.

Kombu

Der Seetang ist für die japanische Küche unerlässlich. Man bekommt getrockneten Kombu in asiatischen Lebensmittelgeschäften, es gibt aber inzwischen auch Kombu aus europäischer Produktion (siehe Reportage S. 159). Japanischer Kombu gibt Dashi ein intensives Umami-Aroma, bretonischer Kombu dagegen hat einen angenehmen Jodgeschmack.

Kuzu

Diese Stärke ist in Japan eine beliebte Zutat, die Süßspeisen und anderen Gerichten eine angenehm cremige Konsistenz gibt. Kuzu gilt in Japan als Heilmittel, das den Körper wärmt und nährt. Sie können es durch Pfeilwurzelmehl (aus dem Bioladen) ersetzen, aber Kuzu ist schmackhafter.

Mirin

Der zuckerhaltige Reiswein gibt Gerichten Süße und Umami-Aromen. Bevorzugen Sie Hon-mirin, den echten Mirin, der aus Kōji, Shochu und Klebreis hergestellt wird (etwa 14 Vol.-% Alkoholgehalt). Produkte mit der Bezeichnung Mirin-fû (»wie Mirin«) sollten sie meiden, denn sie werden aus Glukosesirup und Alkohol (10–11 Vol.-%) hergestellt. Als Ersatz für echten Mirin können Sie 1 EL Sake und 1 TL Rohrohrzucker verwenden.

Reisessig

Erhältlich in Bioläden oder in asiatischen Geschäften. Achtung, nicht mit thailändischem Reisessig verwechseln, der viel intensiver schmeckt als der japanische. Ersatzweise kann Essig aus anderem Getreide verwendet werden, der ebenfalls in asiatischen Lebensmittelgeschäften erhältlich ist.

Sake

Es gibt Sake zum Trinken und Sake für die Küche. Kaufen Sie lieber Sake zum Trinken, denn er kostet meist weniger als der aus Japan importierte Sake für die Küche, der Zucker, Salz und Glutamat enthalten kann – alles unnötige Zusatzstoffe! Wenn Sie keinen Sake haben, können Sie einen Sherry oder einen sehr trockenen Weißwein verwenden.

Senf- und Wasabi-Pulver

Ich ziehe Pulver den Produkten in Tuben vor. Einfach mit einer winzigen Menge Wasser zu einer Paste verrühren.

Sesamöl aus geröstetem Sesam

Versuchen Sie, japanisches oder koreanisches Öl zu finden, da chinesisches Öl oft zu stark für die japanische Küche ist. Ansonsten verdünnen Sie das chinesische Öl mit einem geschmacksneutralen Pflanzenöl (50/50).

Shiitake, frisch

Diese Pilze mit dem zarten, frischen Geschmack sind in Japan sehr beliebt, aber man bekommt sie auch in Europa immer öfter. Ersatzweise können Sie braune Champignons oder Austernpilze verwenden.

Shiitake, getrocknet

Getrocknete Shiitake werden verwendet, um Gerichten einen herzhaften Umami-Geschmack zu verleihen. Für diesen Zweck können sie nicht durch frische Shiitake ersetzt werden. Getrockneter Shiitake enthält 30-mal mehr Vitamin D, mehr Folsäure und Ballaststoffe und liefert 10-mal mehr Umami.

Sojasauce

Ich verwende nicht gern Sojasauce von großen, billigen Marken. Für meine tägliche Küche nehme ich Sojasauce von Lima. Sie hat Bio-Qualität, wird mit traditionellen Fermentationsverfahren hergestellt und ist nicht überteuert.

Sōmen

Sehr feine Nudeln aus Weizenmehl

Umeboshi

Umeboshi sind gesalzene Pflaumen. Vom Hersteller Lima gibt es authentische Umeboshi. In japanischen Lebensmittelgeschäften sind sie leider eher selten ohne Zusatzstoffe oder Geschmacksverstärker zu finden.

Wakame, frisch und gesalzen (links) und getrocknet (rechts)

Zur Verwendung das Salz entfernen oder die Algen in Wasser einweichen, dabei die Hinweise auf der Verpackung beachten. In der Regel verdoppelt oder verdreifacht sich das Gewicht von frischem, gesalzenem Wakame nach dem Einweichen und das von getrocknetem Wakame verzehnfacht sich. Achtung: Europäische Wakame-Flocken sind für die japanische Küche nicht geeignet.

Utensilien

調理道具

Die folgenden Utensilien habe ich aus Japan mitgebracht. Die meisten von ihnen benutze ich seit zehn Jahren oder länger. Sie sind nicht unbedingt notwendig, um japanische Gerichte zu kochen, aber sie machen die Arbeit deutlich leichter. Gute Utensilien finden Sie in Geschäften wie Kama-asa (siehe S. 53) oder im Internet.

Zaru

Dieses flache Bambussieb ist sehr praktisch, um Zutaten zu trocknen (z. B. getrockneten Fisch, S. 170), Gemüse und Nudeln abtropfen zu lassen (z. B. Shiozuke, S. 94) oder Zutaten auf den Tisch zu bringen (z. B. Sōmen-Nudeln, S. 34).

Große japanische Reibe

So eine Reibe ist sehr empfehlenswert. Sie ist leicht zu handhaben und eignet sich hervorragend, um Kartoffeln oder Gemüse schnell zu raspeln.

Kleine japanische Reibe

Sie ist ein unverzichtbares Utensil zum Reiben von Ingwer, Knoblauch oder Wasabi.

Haarsieb

Dank seiner feinen Maschen lässt es die Zutaten gut abtropfen. Es ist unerlässlich – und viel besser geeignet als ein herkömmliches Sieb –, um Nudeln und Reis abzuspülen.

Bambus-Dampfkorb

Unverzichtbar zum Garen im Dampf. Er wird für viele Rezepte verwendet und ist in asiatischen Lebensmittelgeschäften zu bekommen. Ich besitze keine Mikrowelle und habe nie mit dem Gedanken gespielt, eine anzuschaffen, weil ich alles im Dampfkorb erhitze. Der Geschmack ist viel besser. Ein Dampfkorb eignet sich auch hervorragend zum Erwärmen von Reis.

Surikogi und Suribachi

Der japanische Mörser und ein Stößel gehören nicht unbedingt zu den wichtigsten Utensilien, die Sie sich anschaffen sollten, aber sie sind sehr praktisch, um Sesam, Nüsse, Tofu und sogar Kartoffeln zu zerkleinern. Außerdem sind sie schön anzusehen!

Makisu

Ohne diese Matte ist es sehr schwierig, Maki herzustellen. Man kann sie im Internet und in asiatischen Lebensmittelgeschäften kaufen.

Menbō

Das ist der Stab, mit dem man Nudelteig ausrollt. Es lohnt sich, einen zu kaufen, wenn Sie beispielsweise Udon selbst herstellen wollen. Sie können auch ein Nudelholz verwenden, aber der *menbō* ist viel einfacher und präziser zu handhaben.

Yukihira-nabe

Dies ist ein Topf mit einem Griff und einer kleinen Tülle. In diesem Topf mit einem Durchmesser von 20 cm und einer Höhe von 8 cm koche ich viele Gerichte und brate sogar. In der japanischen Küche gibt es viele Gerichte, die mit Flüssigkeit gekocht werden. Mit dem *yukihira-nabe* lässt sich leicht steuern, wie viel Flüssigkeit Sie in die Portionsschalen gießen. Außerdem liegt er wegen des Griffs gut in der Hand.

Spitzmesser (Petty Knife)

Von meinem Vater bekam ich zum Geburtstag ein Messer, in das mein Vorname eingraviert war. Mit seine Klinge von 15 cm Länge ist es sehr gut zu handhaben und liegt gut in der Hand (vor allem wenn man kleine Hände hat). Mit ihm kann man Gemüse in feine Stifte schneiden und kleine Fische präzise filetieren. Wenn ich auf Reisen bin, nehme ich es immer mit.

Brett

Es ist immer gut, ein mittelgroßes Brett zu haben. Natürlich braucht man ein großes Brett, um große Mengen Gemüse zu schneiden oder große Fleisch- oder Fischstücke zu zerteilen. Für die meisten Vorbereitungen genügt aber ein Brett von 25 cm Länge. Ein Brett dieser Größe lässt sich leicht tragen, reinigen und verstauen.

Eisenpfanne mit hohem Rand

Pfannen mit Antihaftbeschichtung sind nicht mein Fall. Nach ein paar Jahren Gebrauch wird die Oberfläche schadhaft und man muss die Pfanne wegwerfen. Eine Eisenpfanne erfordert anfangs etwas Aufmerksamkeit und Pflege, aber dann hat sie eine lange Lebensdauer und ist einfach zu benutzen. Ich benutze sie für fast alle denkbaren Zubereitungsarten.

Abtropfkörbchen/-gitter für Frittiertes

Damit Frittiergut schön knusprig wird, sollte man es auf einem Gitter oder in einem Körbchen abtropfen lassen.

Schaumlöffel

Sehr praktisch, um Schaum von Brühen abzuschöpfen, Frittiergut aus dem Öl zu heben oder Miso in einer Suppe aufzulösen

Lange Stäbchen

Ich kann ohne Spatel, Gabel und Löffel kochen, aber nicht ohne Stäbchen! Ich benutze sie für die verschiedensten Zwecke: Zutaten halten, mischen, wenden, einstechen und für die Garprobe. Zum Kochen werden oft spezielle Stäbchen verwendet, die länger als Essstäbchen sind und eine dünnere Spitze haben. Man kann mit ihnen präziser arbeiten, und die Hand ist weiter von der Hitzequelle entfernt. Aber auch normale Stäbchen aus Bambus oder unbehandeltem Holz sind gut geeignet. Wenn Ihnen das Essen mit Stäbchen leicht fällt, versuchen Sie einmal, damit zu kochen. Sie werden sehen, wie praktisch das ist!

ADRESSEN ZU DEN REPORTAGEN

ALGOLESKO
Erzeuger von Bio-Algen in der Bretagne
(S. 159)
www.algolesko.com
@algolesko.com

HEPKEN ALGUES BIO
Händler für bretonische Bio-Algen und darauf basierenden Produkten
www.hepken-alguesbio.com
@hepken_alguesbio

KAMA-ASA
Japanische Küchenutensilien
(S. 53)
12, rue Jacob 75006 Paris
01 75 42 91 09
contact@kama-asa.fr
www.kama-asa.co.jp/fr/
@kamaasa_paris

SANGA
Miso und Kōji in Bio-Qualität, hergestellt in Frankreich
(S. 107)
https://sangamiso.fr
@misosanga

SUZU TOFU
Tofu in Bio-Qualität, hergestellt in Frankreich
(S. 143)
www.suzutofu.com
@monsieur.suzu

Workshop ISSE
Japanischer Lebensmittelhändler, spezialisiert auf Sake
(S. 214-215)
11, rue Saint-Augustin, 75002 Paris
01 42 96 26 7
@workshop_isse

YASAI
Japanisches Gemüse aus biologischem Anbau in Frankreich
(S. 121)
www.yasai.fr
@yasai.fr

JAPANISCHE PRODUKTE AUS DEUTSCHLAND – EINE AUSWAHL

BERIEF
Tofu hergestellt im Münsterland
www.berief-food.de
@berieffood

FAIRMENT
Miso aus Berlin
www.shop.fairment.de
@fairment

MIMI FERMENTS
Koji, Mirin, Miso, Shoyu und Natto aus Berlin
www.mimiferments.com
@mimiferments

SCHWARZWALD MISO
Miso aus dem Schwarzwald
www.schwarzwald-miso.de
@schwarzwaldmiso

TAIFUN TOFU
Tofu hergestellt in Süddeutschland
www.taifun-tofu.de
@taifuntofu

DANK

Danke an meine Mutter und meine Großmutter, die mir die Freude am Kochen vermittelt haben. Von ihnen (und von meinem Vater, der oft für seine Familie kocht, was für einen japanischen Mann seiner Generation ungewöhnlich ist!), habe ich gelernt, mit Leidenschaft und Liebe zu kochen.

Danke, Audrey und Christine, dass ihr mir dieses wunderbare Buchprojekt anvertraut habt. Danke, dass ihr immer ein offenes Ohr für meine Ideen hattet. Danke für eure Geduld und euren Respekt.

Danke, Akiko, für deine hinreißenden Fotos. Deine Mitwirkung und dein Talent sind ein großer Gewinn für das Buch und für mich persönlich. Ich freue mich und bin jedes Mal erleichtert, wenn du mir sagst, dass meine Rezepte gut sind. Vielen Dank auch an deine Tochter Miyako, die auch in diesem Buch wieder als Model dabei war.

Danke, Élise, für deine Hilfe beim Schreiben der Texte. Ohne dich, deine Effizienz und Genauigkeit (und deine Freundlichkeit) hätte ich es nie geschafft, meine Rezepte zu Papier zu bringen.

Danke, Sidonie und Line von Hic et Nunc Studio, für euer offenes Ohr und die sehr schöne Gestaltung dieses Buches.

Danke an alle Personen, die mich während der Reportagen aufgenommen haben:

An Anna-san für den freundlichen Empfang auf dem Yasai-Feld und Jyuri-chan für die Unterstützung; an Julie von HepKen Bioalgen, die mir die Welt der bretonischen Algen geöffnet hat; an Laetitia, Timothée und das gesamte Team von Algolesko, die uns ihre Algenproduktion gezeigt und ihre Leidenschaft weitergegeben haben; an Arnaud vom Restaurant AC Le Levier, bei dem wir unvergessliche kulinarische Kreationen rund um Algen probieren durften; an Frau Ogawa, Takako-san und Ophelia von Suzu Tofu, die uns das Geheimnis ihres köstlichen Tofus gezeigt haben; an Frau Hiruta und Herr Miyataké, die ihr fundiertes Wissen und ihre Leidenschaft für hochwertige japanische Küchenutensilien mit uns geteilt haben.

Danke an Yu für die wunderschönen Kirschblüten.

Danke an Fumi-chan und Ami-chan, die immer und mit Leidenschaft meine Sensei der Fermentation sind.

Danke an meine Familie in Frankreich: Pascale, für deine Hilfe und Ermutigung. Hugo, für deine Unterstützung und deine Geduld. Dank dir vergesse ich nie, dass Kochen mich unendlich glücklich macht.

Danke an meine Tochter Mae und ihren Papa dafür, dass sie jeden Tag essen, was ich auf den Tisch bringe.

Für die deutsche Ausgabe:
Projektbetreuung Muriel Magon
Herstellungskoordination Katharina Schäfer
Herstellung Sophie Schiela

Übersetzung Wiebke Krabbe
Lektorat Elke Sagenschneider

Titel der französischen Originalausgabe: Cuisine Japonaise maison - 100 recettes, techniques et conseils pour cuisiner chez soi comme au Japon

Der Originaltitel erschien 2021 in Frankreich bei Marabout, ein Imprint der Hachette Livre, 58, rue Jean Bleuzen, 92178 Vanves

Text © Maori Murota, 2021
Design und Layout © Hic et Nunc Studio, 2021

© der deutschsprachigen Ausgabe: 2023
Dorling Kindersley Verlag GmbH, Arnulfstr. 124, 80636 München
Ein Unternehmen der Penguin Random House Group
Alle deutschsprachigen Rechte vorbehalten

Jegliche – auch auszugsweise – Verwertung, Wiedergabe, Vervielfältigung oder Speicherung, ob elektronisch, mechanisch, durch Fotokopie oder Aufzeichnung, bedarf der vorherigen schriftlichen Genehmigung durch den Verlag.

Die automatisierte Analyse des Werkes, um daraus Informationen, insbesondere über Muster, Trends und Korrelationen gemäß § 44b UrhG (Text und Data Mining) zu gewinnen, ist untersagt.

Rezepte und Texte Maori Murota
Fotografie Akiko Ida und Pierre Javelle (Fotos auf S. 106–109)
Design Hic et Nunc Studio

ISBN 978-3-8310-4688-1
5902-970561-22949-05

Druck und Bindung Toppan Leefung, China

MIX
Papier | Fördert gute Waldnutzung
FSC® C104723

www.dk-verlag.de

Hinweis
Die Informationen und Ratschläge in diesem Buch sind von der Autorin und vom Verlag sorgfältig erwogen und geprüft, dennoch kann eine Garantie nicht übernommen werden.
Eine Haftung der Autorin bzw. des Verlags und seiner Beauftragten für Personen-, Sach- und Vermögensschäden ist ausgeschlossen.